DIARIO PARA LÍDERES

DIARIO PARA LÍDERES

Reflexiones diarias para un liderazgo excepcional

HARVARD BUSINESS REVIEW

Daily Leader
Diario para líderes

Loreto 13-15, Local B.
08029 Barcelona – España
revertemanagement.com

Fecha de publicación: mayo 2026

Edición en papel
ISBN: 978-84-10121-49-2

Edición en ebook
ISBN: 978-84-291-0038-9 (ePub)
ISBN: 978-84-291-0039-6 (PDF)

Editores: Ariela Rodríguez / Ramón Reverté
Coordinación editorial y maquetación: Patricia Reverté
Traducción: Genís Monrabà Bueno
Revisión de textos: M.ª del Carmen García Fernández

Impreso en España – Printed in Spain
Depósito legal: B 7027-2026
Impresión y encuadernación: Liberdúplex
Barcelona – España

159

MIXTO
Papel | Apoyando la silvicultura responsable
FSC® C109440

Introducción

Convierte tu desarrollo como líder en un hábito diario

En la vida asumes distintas identidades, tanto en el ámbito personal como en el profesional: jefe, coach, directora general, socio, amiga, colega, voluntario, experta, consejero, educadora, etc. Poco importa si estás al principio o al final de tu carrera laboral, si ostentas un cargo de mayor o menor importancia o si tienes a gente bajo tu responsabilidad.

Eres un líder.

Y eres tú quien define lo que eso significa: ¿cómo quieres presentarte? ¿Qué imagen deseas transmitir? ¿Qué valores y propósitos pretendes alcanzar? ¿Qué modelo de conducta sigues? Quizá descubras que tu propia definición es distinta según el papel que juegues.

Como líder, tomas decisiones a diario. Apagas incendios, pones en marcha proyectos, evalúas riesgos, cosechas grandes éxitos y, de vez en cuando, algún fracaso. Pero ¿cuándo te detienes a pensar en lo que has aprendido cada día, en cómo puedes sacar provecho tanto de tus aciertos como de tus tropiezos? En medio del frenesí cotidiano y con una agenda repleta, resulta difícil dedicar tiempo al aprendizaje consciente. Es complicado reservar espacio para reflexionar, hallar inspiración, explorar y mantener viva la curiosidad, o priorizar tu crecimiento personal y profesional cada día para convertirlo en una práctica constante. *Diario para líderes* te ayudará a incluir tu propio proceso en tu agenda de manera constante y con un propósito. Esta colección (seleccionada con esmero de entre los mejores artículos de los archivos de la *Harvard Business Review*) te ofrece conocimientos sobre liderazgo para estimular tu pensamiento, citas para hallar inspiración y preguntas que invitan a una reflexión profunda; aborda temas sugerentes para cada día, con consejos y conocimientos de autores en los que confías junto con los de voces nuevas que pueden ofrecerte distintas perspectivas.

Diario para líderes te permitirá trabajar de forma más fácil tu desarrollo profesional. Tanto si aún estás descubriendo quién eres y cuál es tu camino como si has logrado ya el puesto de tus sueños, esta colección te proporciona 365 ideas para plantearte y responder preguntas que te permitirán reflexionar, encontrar tu rumbo y definir qué significa en realidad el liderazgo para ti.

Instrucciones de uso

Empieza a leer cuando te apetezca: el primer día del año, en tu cumpleaños, en tu primer día en un nuevo trabajo. Puedes empezar mientras te preparas para una evaluación anual de rendimiento. O ahora mismo. Asume el compromiso de leer al menos treinta días y te darás cuenta de lo rápido que se consolidan tus hábitos. Fíjate en la mejoría que experimentan tu concentración, productividad, autoconciencia y pensamiento estratégico. Seguro que lo notarás.

Cuando decidas empezar, te recomendamos que solo leas una reflexión cada día. Si la idea te llama la atención, hallarás más información sobre ella en los artículos completos, en HBR.org. Hemos analizado numerosos estudios y administrado múltiples encuestas para identificar los temas que más importan a los líderes como tú. También hemos expuesto cada consejo del día sobre liderazgo y autogestión de una forma concisa y, al mismo tiempo, plenamente satisfactoria.

Estos saberes cotidianos no son modas pasajeras, no son trucos ni datos sacados de contexto. No se trata de comida basura de rápida digestión, como el café o los dulces. No, *Diario para líderes* presenta estudios científicos, ideas y consejos prácticos para ayudarte a gestionar mejor a tu equipo, tu negocio y tu propia labor.

Es posible que alguien que confía en tu potencial te haya regalado este libro, o que lo hayas adquirido tú para ayudarte a fijar objetivos y progresar en su consecución. Bien, sea cual sea tu caso, úsalo para potenciar tu rendimiento. Cada día tiene algo que ofrecerte: inspírate con las citas, aprende algo nuevo y adopta una perspectiva diferente. Tómate un momento para pensar y emplea tu estrategia favorita para reflexionar sobre las preguntas que se plantean.

Dedicar tiempo consciente a tu propio progreso suele ser difícil. Reservar una semana o un mes para asistir a un congreso o a un curso puede resultar complicado. Sin embargo, a lo largo del día siempre tendrás un momento para leer una página que estimule tu aprendizaje y tu manera de pensar. Léela mientras desayunas, antes de revisar la prensa del día o de navegar por las redes sociales. Aprovecha el tiempo en que viajas en transporte público. Utiliza esos conocimientos para fijar tu propósito del día. Comparte la reflexión diaria con tu equipo al iniciar una reunión o establece una especie de ritual leyéndola mientras repasas los avances de la jornada y planificas tus tareas para la siguiente.

Regresa a este libro cada día para descubrir, reflexionar, aprender, imaginar y pensar. No todos los conocimientos serán nuevos para ti, pero esperamos que halles el mensaje más adecuado para cada instante. Igual que leer una novela en distintos momentos de la vida puede dotarla de un nuevo significado, consultar esta colección año tras año te inspirará con ideas frescas según cambie tu contexto.

Con los consejos de *Diario para líderes* como guía, puedes llegar a ser un líder aún más excepcional.

DIARIO PARA LÍDERES

1 de enero

Si quieres aprender, no pierdas la humildad

Mientras eres joven, los responsables de tu aprendizaje son siempre personas más inteligentes que tú: padres, maestros, etc. Sin embargo, una vez que alcanzas una posición de liderazgo, es probable que seas una de las personas más brillantes de tu entorno. Tomártelo así puede ser reconfortante, pero también es posible que te limite, porque si sigues creyendo que solo quienes son más inteligentes que tú tienen algo que enseñarte, entonces no tendrás margen de mejora. Para seguir creciendo, busca y escucha las ideas de otras personas, en especial de quienes tengan opiniones y trayectorias diferentes a la tuya. Una actitud humilde y despierta ante todo el mundo volverá ilimitadas tus oportunidades de aprendizaje.

Texto adaptado de «¿Cómo valorarías tu vida?»,
de Clayton M. Christensen.

Mejora tu pensamiento crítico

¿Qué te ayuda a tomar buenas decisiones? El pensamiento crítico. ¿Y qué no te ayuda en absoluto? Aceptar la primera solución que te pasa por la cabeza o no tomarte el tiempo necesario para analizar un tema desde todos los ángulos posibles. Para evitar estos errores, cuestiona tus suposiciones, sobre todo cuando haya mucho en juego. Si estás diseñando una nueva estrategia empresarial, pregúntate: ¿por qué este es el mejor rumbo que podemos tomar? ¿Qué indican los estudios del sector sobre nuestras expectativas acerca del futuro del mercado? Valora también si la lógica y las conclusiones de tu planteamiento están respaldadas por los datos. Y busca perspectivas nuevas. Es fácil acomodarse en la zona de confort, así que sal de tu burbuja y pide a diferentes personas que pongan a prueba tu razonamiento.

Adaptado de «Tres sencillos hábitos para mejorar tu pensamiento crítico», de Helen Lee Bouygues.

No confundas la independencia con la interdependencia

El personal directivo recién llegado suele fracasar, al menos al principio, por sus ideas erróneas sobre lo que significa ejercer el liderazgo. Uno de estos mitos es pensar que ese nuevo cargo les dará la libertad de hacer cuanto quieran en la empresa. Sin embargo, pronto descubren que sus funciones están definidas por la interdependencia: por las relaciones con subordinados, superiores, colegas y otras personas de la organización. Cada cual tiene sus propios objetivos, necesidades y prioridades, y pueden chocar con los tuyos. Así pues, si pretendes liderar con eficacia abandona la idea de *libertad* y concéntrate en forjar relaciones sólidas. Así garantizarás que tu equipo cuente con el apoyo y las conexiones necesarias para triunfar. Y, de esa forma, tú también lo harás.

Adaptado de «Becoming the Boss», de Linda A. Hill.

El sueño es tu gran aliado

Si no duermes lo suficiente, la capacidad de juicio, el autocontrol y la creatividad se resienten. Cuando esto ocurre, es más probable que muestres impaciencia, irritación o una actitud conflictiva. Además, la fatiga perjudica las relaciones con tus trabajadores, y es probable que ni siquiera seas consciente de ello (según investigadores de las universidades de Indiana y Washington, los miembros de equipos liderados por individuos privados de sueño pueden mostrar un menor grado de compromiso y comportarse de manera menos ética). La conclusión salta a la vista: si no descansas, todo tu equipo pagará las consecuencias. Para dormir mejor, piensa en hasta qué punto puede ser perjudicial tu fatiga, y no solo para ti, sino también para las personas que lideras. ¿Cómo crees que afectan tus hábitos de sueño a tu equipo? ¿Positiva o negativamente?

Adaptado de «Sleep Well, Lead Better»,
de Christopher M. Barnes.

Saber perder

Giro estratégico

Tu objetivo es alcanzar tus metas. Pero nadie tiene éxito de forma permanente. Por eso debes aprender a perder con elegancia. Y una manera de lograrlo es cambiar tu campo de acción. Si un proyecto o iniciativa no salió como esperabas, toma distancia y busca un nuevo rumbo. ¿Qué funcionó bien en lo que intentaste? ¿Cómo podrías aprovechar esas habilidades, innovaciones o ideas de otra manera? Tal vez exista otro problema en el que tu trabajo encaje a la perfección. No permitas que un fracaso limite tu capacidad creativa.

Adaptado de «Good Leaders Lose with Grace»,
de Tim Leberecht.

El liderazgo en la era de la IA

«¿El liderazgo es radicalmente diferente en la era de la IA? No, pero hay dos distinciones clave. En primer lugar, las "habilidades duras" de los líderes seguirán perdiendo peso en favor de las máquinas inteligentes, mientras que sus "habilidades blandas" se volverán cada vez más importantes. Y, en segundo lugar, aunque los rasgos de liderazgo atemporales, como la integridad y la inteligencia emocional seguirán siendo, sin duda, importantes, los líderes en la era de la IA necesitarán sobre todo ser humildes respecto a las contribuciones ajenas, flexibles ante los desafíos que se les planteen, firmes en su visión, y constantes en su compromiso con el mundo cambiante que les rodea».

Adaptado de «As AI Makes More Decisions, the Nature of Leadership Will Change», de Tomas Chamorro-Premuzic, Michael Wade y Jennifer Jordan.

Redefinir la dedicación

La gente ya no se conforma con un trabajo o una empresa que gobierne por completo su vida. Por ello, si no quieres perder a tus mejores talentos, debes reconsiderar tu punto de vista sobre la «dedicación». Amplía tus horizontes y deja de relacionar el rendimiento con el tiempo: si alguien hace un buen trabajo, no debería importar cuántas horas le dedica. Permite que cada persona defina sus pasiones y ofrécele organizar su trabajo de la manera que mejor le funcione. Si demuestras que valoras lo que es importante para tu gente, aumentarás su motivación... y se quedarán.

Adaptado de «How to Motivate Employees When Their Priorities Have Changed», de Kristi Hedges.

Tres principios que la gente adora en las empresas

Generar un entorno laboral donde la gente se sienta apreciada supone incorporar tres principios básicos a tu empresa: 1. *Que las personas son lo más importante.* Tus trabajadores, más que la clientela o los accionistas, son los principales activos de tu empresa. 2. *Que cada persona es distinta.* Cada miembro de tu plantilla es un ser único, con sus propios intereses, pasiones y habilidades. Y 3. *Que la confianza es la base del crecimiento.* Para que tu personal se sienta apreciado y contribuya a fomentar ese aprecio a su vez, los líderes deben situar, de forma explícita, la confianza en el centro de todas las prácticas y políticas de la empresa.

Adaptado de «Designing Work That People Love», de Marcus Buckingham.

¿Qué entorpece la colaboración?

Cuando planificas proyectos que requieren colaboración entre departamentos, es natural enfocarse en la logística, los procesos, los incentivos o los resultados. Sin embargo, nunca has de olvidar cómo se lo tomarán los distintos equipos de trabajo, en especial cuando les solicitas derribar barreras, compartir información, ceder autonomía, repartir recursos o incluso asumir menos responsabilidades. Este tipo de demandas puede generar inseguridad y provocar actitudes defensivas.

Piénsalo bien: cuando lideres proyectos de colaboración, ¿cómo puedes ayudar a los equipos a experimentar más seguridad y confianza?

Adaptado de «The Collaboration Blind Spot», de Lisa B. Kwan.

10 de enero

Cómo evitar las dimisiones

Limita las restricciones

Perder a un miembro de tu equipo afecta tanto a la moral del grupo como a la productividad, y reemplazar a quienes se van resulta, además, costoso. Un error que puede llevar a tus trabajadores a marcharse es imponer demasiadas restricciones en los procesos de la empresa. Por ejemplo, si alguien debe esperar a que otros le proporcionen la información o los recursos necesarios para hacer su trabajo, la productividad disminuirá y la frustración se incrementará. En las reuniones de rendimiento que tengas con tu equipo, habla de forma abierta sobre los obstáculos a los que se enfrentan y cómo puedes echarles una mano. Tal vez necesiten que intervengas para resolver un cuello de botella con otro departamento o líder. Recuerda que recurrir a tu influencia para superar tales obstáculos beneficia tanto la moral del equipo como la calidad del trabajo.

Adaptado de «8 Things Leaders Do That Make Employees Quit», de Jon Christiansen.

11 de enero

Preguntas para hacer con frecuencia

¿Cómo puedo ayudar?

Cada vez que planteas buenas preguntas, inspiras curiosidad, creatividad y un pensamiento más profundo en ti y en tu equipo. Una bastante útil en este sentido es: «¿Cómo puedo ayudar?». Querer echar una mano a los demás es admirable, pero con frecuencia no nos detenemos a pensar en la mejor manera de hacerlo; simplemente intervenimos y tratamos de resolver las cosas. Por eso, cuando alguien se queje de un problema o exprese cierta frustración con lo que ocurre, no intentes solucionar las cosas de inmediato. En vez de eso, pregúntale: «¿Cómo puedo ayudarte?». Esto le permitirá a esa persona identificar el problema y reflexionar sobre él, y ese es el primer paso para que lo resuelva por sí misma.

Adaptado de «5 Questions Leaders Should Be Asking All the Time», de James E. Ryan.

Elabora una estrategia para tu carrera

Planifica tu cronograma

Para forjar una carrera significativa es importante elaborar una estrategia a largo plazo. Un paso clave en este sentido es determinar cuánto tiempo planeas trabajar. Puede parecer sencillo de responder, pero lo cierto es que mucha gente subestima la duración real de una carrera profesional. ¿Cuántos años (o incluso meses) más esperas trabajar? ¿Cuál es la edad media de jubilación en tu país y en tu sector? ¿Qué otros factores (como tu salud o la de tus familiares) podrían influir en tu planificación temporal? ¿Dispondrás de suficientes ahorros para vivir con comodidad o necesitarás trabajar a tiempo parcial después de jubilarte? Reflexionar sobre cuestiones como estas te ayudará a enfocar mejor tu planificación a largo plazo.

Adaptado de «Developing a Strategy for a Life of Meaningful Labor», de Brian Fetherstonhaugh.

Ser jefe . . . de tus amistades

Cuando te ascienden a un cargo en el que tienes a tu cargo a gente que antes eran tus colegas e incluso tus amigos, el ambiente puede enrarecerse. Está claro que quieres mantener esas relaciones, pero también debes tomar decisiones que hagan primar los intereses del equipo por encima de los de cualquiera de sus miembros. Para gestionar estas dificultades, habla con calma con estas personas cercanas sobre tu cambio de rol en la empresa y lo que a partir de ahora se espera de ti. En ocasiones, no será plato de buen gusto. Reconoce que valoras su amistad, pero que deberás tratar a todo el mundo por igual y sin favoritismos. Luego procura actuar siempre de acuerdo con tus palabras. Por ejemplo, si vas a salir a almorzar, invita a todos los miembros del equipo, no solo a tus amigos. Recuerda que si entre el personal se sospecha que alguien recibe un trato preferencial, es probable que surjan suspicacias y resentimientos.

Adaptado de «What to Do When You Become Your Friend's Boss», de Benjamin Laker, Charmi Patel, Ashish Malik y Pawan Budhwar.

Busca distintos enfoques para abordar los problemas difíciles

Los resultados de diferentes estudios (propios y ajenos) muestran que líderes y equipos dedican muy poco tiempo a analizar y definir los problemas antes de intentar resolverlos. De este modo, al lanzarse de inmediato a la búsqueda de una solución, los equipos limitan su capacidad para generar las más innovadoras y sostenibles. En nuestro caso, cuando trabajamos con empresas y equipos los animamos a invertir más tiempo inicial en el planteamiento del problema, ya que es un proceso que permite comprenderlo y delimitarlo de forma correcta. Y es que explorar distintas posibilidades sería como observar una escena a través de diferentes objetivos de una cámara mientras ajustas el ángulo, la apertura y el enfoque.

¿Qué enfoques podrías utilizar para ver los problemas de una forma nueva?

Adaptado de «To Solve a Tough Problem, Reframe It» de Julia Binder y Michael D. Watkins.

No dejes que el estrés ahogue tu creatividad

En una situación de estrés, generar nuevas ideas puede parecer imposible. En casos así, para desbloquearte lo mejor es respirar y relajarte; deja de presionarte para que surja la creatividad. En lugar de pensar: «Debo tener buenas ideas ahora mismo», repite mentalmente: «Voy a explorar algunas ideas y a divertirme con ellas». Luego deja que tu mente divague; dar un paseo o una breve siesta ayuda a relajar el cerebro de manera natural. Si el bloqueo continúa, busca más material: lee sobre el tema en cuestión o conversa con colegas que tengan más experiencia. Y, sobre todo, date tiempo. Tendrás más posibilidades de éxito si dejas que las ideas fluyan con calma.

Adaptado de «How to Be Creative When You're Feeling Stressed», de Elizabeth Grace Saunders.

16 de enero

La transición hacia el liderazgo directivo

Controla tu agenda

Cuando pasas de liderar un departamento a tomar las riendas de un proyecto o empresa, debes afrontar una serie compleja de cambios en tu enfoque y tus habilidades de liderazgo. Uno de ellos es convertirte en la persona que marca la agenda. Es evidente que te han ascendido a un puesto de dirección porque sabes resolver problemas, pero ahora tu labor consiste en priorizar los que la empresa debe abordar. Para ello necesitarás delegar de forma adecuada, apoyarte en tu equipo para saber qué camino marcar y aprovechar la planificación anual para definir los objetivos clave. Mantén siempre el rumbo: aprender a moverte en entornos inciertos y ambiguos puede resultar abrumador, pero no hay mejor maestra que la experiencia.

Adaptado de «How Managers Become Leaders», de Michael D. Watkins.

Tu equipo necesita la combinación adecuada de personalidades

La composición de un equipo suele estar basada en las habilidades técnicas de sus miembros, pero los tipos de personalidad son igual de determinantes. Por ejemplo, tus trabajadores pueden ser:

- **Orientados a resultados:** personas que organizan el trabajo y toman la iniciativa.
- **Enfocados en las relaciones:** personas que generan conexiones auténticas y prestan mucha atención a los sentimientos de los demás.
- **Seguidores de procesos:** individuos dignos de confianza, meticulosos y detallistas.
- **Pensadores innovadores:** gente curiosa, imaginativa y abierta a nuevas ideas.
- **Pragmáticos:** personas prácticas, equilibradas y sensatas.

Si un equipo solo cuenta con algunos de estos tipos de personalidad, la dinámica resultante puede ser poco equilibrada e improductiva. Al incorporar un nuevo miembro conviene considerar su personalidad y cómo contribuirá a lograr un equipo coherente y eficaz.

Adaptado de «Great Teams Are About Personalities, Not Just Skills», de Dave Winsborough y Tomas Chamorro-Premuzic.

¿Cuál es tu meta?

Si eres líder, debes ser capaz de responder a esta pregunta: «¿Para qué estamos trabajando?». Las responsabilidades cambian, las estrategias evolucionan y las personas ascienden o se marchan de la empresa. Por eso es necesaria una visión sólida de tus objetivos, sobre todo en estos tiempos tan cambiantes. Dicho de otro modo, mantener el *statu quo* no es suficiente; ser capaz de articular un propósito común te ayudará tanto a imaginar el futuro como a trazar un rumbo firme hacia él.

Piénsalo: ¿cómo puedes plantear un propósito convincente y compartido para todas las personas con las que trabajas?

Adaptado de «How the Best Leaders Answer "What Are We Here For?"», de Margaret Heffernan.

19 de enero

¿Qué fomenta la confianza?

Para ganarte la confianza de los demás, necesitas demostrar tres cosas:

- **Empatía:** que te preocupas por las otras personas.
- **Lógica:** que eres capaz de entender sus necesidades.
- **Autenticidad:** que cumplirás tu palabra.

Si flaqueas en una de estas tres dimensiones te será más difícil generar o mantener el nivel de confianza que pretendes para tu empresa.

¿Estás mostrando suficiente empatía, lógica y autenticidad a tu equipo, colegas, superiores y clientes?

Adaptado de «10 Pitfalls That Destroy Organizational Trust», de Frances X. Frei y Anne Morriss.

20 de enero

No subestimes la curiosidad de tu jefe

«La cantidad de información que un jefe necesita sobre lo que haces puede variar de forma significativa según sea su estilo de liderazgo, la situación en la que se encuentre y el grado de confianza que tenga en ti. Sin embargo, no es raro que tu jefe necesite más información de la que tú proporcionarías de forma natural, ni que tú supongas que sabe más de lo que en realidad sabe. El personal directivo eficaz es capaz de reconocer que tal vez subestiman lo que sus jefes necesitan saber, por lo que se aseguran de mantenerles informados mediante procesos que se ajusten a su estilo».

Adaptado de «Managing Your Boss», de John J. Gabarro y John P. Kotter.

Cómo liderar mientras tu equipo avanza

Cambio de contexto

A medida que tu equipo crece, tus procesos y tu forma de trabajar deben evolucionar en varios sentidos. Uno de ellos es aprender a gestionar los cambios de contexto. Antes quizá podías dedicar largos períodos de concentración a resolver los problemas junto a tu equipo. Ahora tus jornadas están muy fragmentadas: son muchas personas trabajando en múltiples proyectos, todos los cuales requieren de tu atención y apoyo. Esto implica que cambiar de contexto (es decir, dejar mentalmente a un lado el tema de la última reunión y prepararte para la siguiente) ha pasado a ser una de tus tareas fundamentales. Algo así puede resultar abrumador, así que aprovecha bien las herramientas de productividad para seguir manteniendo el control, y busca momentos para desconectar y reflexionar, de modo que puedas despejar la mente cuando lo necesites.

Adaptado de «As Your Team Gets Bigger, Your Leadership Style Has to Adapt», de Julie Zhuo.

22 de enero

Qué más puedes aprender

Cómo generar valor

Los grandes líderes nunca dejan de aprender, pero ¿cómo saber cuál es la siguiente habilidad que deberías desarrollar? Una buena opción es elegir algo que ayude a tu equipo, departamento o empresa a generar más valor. Piensa en qué ámbitos o procesos podrían mejorar y qué tipo de conocimientos relevantes es conveniente adquirir sobre ellos. Por ejemplo, si trabajas en el área de operaciones, el análisis de la gestión de grandes proyectos para clientes clave podría ayudarte a reducir los tiempos de entrega; y profundizar en el abastecimiento de materiales quizá contribuya a disminuir los costes de producción. Si te hacen falta ideas, charla con tu equipo y tus colegas, pregúntales qué tienen entre manos; después busca materiales formativos o cursos sobre los temas de tu interés.

Adaptado de «How to Decide What Skill to Work On Next», de Erika Andersen.

¿Puedes ponerte en la piel de la competencia?

La competencia siempre intentará detectar y aprovechar las vulnerabilidades de tu empresa. Y tú deberías hacer lo mismo. Para ello, haz un simple ejercicio con tu personal: crea dos equipos; uno debe enumerar los puntos fuertes de la empresa y el otro, los débiles. Luego pide al segundo equipo que defienda la idea de que las fortalezas de tu empresa son en realidad amenazas, y al primero que haga lo mismo defendiendo que las debilidades pueden convertirse en oportunidades. Analiza los resultados de este ejercicio y cómo cada grupo ha llegado a sus respectivas conclusiones. Después, repítelo con las fortalezas y debilidades de tus principales competidores. El objetivo es abrir tu mente y la de tus trabajadores a nuevas posibilidades estratégicas.

Adaptado de «Are Your Company's Strengths Really Weaknesses?», de Adam Brandenburger.

24 de enero

Combate tu perfeccionismo imponiendo normas

A veces un excesivo perfeccionismo te impide alcanzar la excelencia deseada. Por ejemplo, tomar decisiones puede resultar complejo, porque todas parecen trascendentales. Para mitigar esta tendencia autodestructiva, fija reglas que te ayuden a controlarla. Por ejemplo, si quieres dejar de darle vueltas a una decisión, imponte una norma: una vez que la hayas considerado tres veces, toma la decisión y sigue adelante. Asimismo, para moderar tu tendencia a dar demasiadas vueltas a algo, decide de antemano que, en ciertas ocasiones, cumplir con el trabajo será suficiente. Al tomar conciencia de cómo el perfeccionismo se convierte en una trampa podrás crear reglas que te ayuden a librarte de él.

Adaptado de «Don't Let Perfection Be the Enemy of Productivity», de Alice Boyes.

No renuncies a las políticas DEI

Mantener los objetivos de diversidad, equidad e inclusión (DEI) a largo plazo puede resultar todo un reto, debido tanto a presiones internas (como la falta de presupuesto o que no sean una prioridad para la empresa) como externas (incertidumbre económica o conflictos políticos, por ejemplo). Para lograr que tanto defensores como críticos de esta cuestión se alineen, enfócate en un objetivo más amplio: generar un entorno donde todo el personal pueda prosperar. Para ello, es fundamental fomentar cuatro «libertades» que permitan a cada individuo aportar lo máximo posible a su trabajo:

- La libertad de ser auténtico.
- La libertad de aprender, crecer y convertirse en su mejor versión.
- La libertad de retirarse por un momento del foco de atención.
- La libertad de cometer errores, de forma que tanto ese individuo como su equipo puedan aprender de ellos.

¿Qué puedes hacer para que estas cuatro libertades arraiguen en tu equipo?

Adaptado de «Where Does DEI Go from Here?», de Laura Morgan Roberts.

El enfoque como líder

En los demás

Una de tus tareas principales como líder es dirigir la atención. Para ello, en primer lugar debes aprender a enfocar tu propia atención de tres maneras generales: en ti mismo, en los demás y en el mundo en general. Poner el foco en los demás implica tener —o desarrollar— la suficiente empatía para entender sus puntos de vista, sentir lo que sienten y averiguar qué necesitan de ti. También supone disponer de una mínima sensibilidad para establecer relaciones sólidas, algo que se vuelve más difícil conforme asciendes y ganas poder. Los líderes capaces de controlar el foco de atención hallan puntos en común con el resto de personas, comparten opiniones de peso e inspiran a otros a querer trabajar con ellos.

Adaptado de «The Focused Leader»,
de Daniel Goleman.

Sí, puedes gestionar la cultura corporativa

Para bien *o* para mal, la cultura de una empresa y el liderazgo están vinculados de forma muy estrecha. Los líderes influyentes suelen generar una nueva cultura e inculcan valores y suposiciones que perduran durante décadas. Por desgracia, lo más habitual es que los líderes que intentan levantar empresas de alto rendimiento se vean desbordados por la cuestión de la cultura corporativa. De hecho, hay quien la deja sin gestionar o la delega al departamento de recursos humanos, donde pasa a ser un asunto secundario para el negocio. Tal vez elaboren planes muy detallados sobre estrategia y ejecución, pero, como no comprenden el poder y la dinámica de la cultura corporativa, tales planes terminan por no llevar a ninguna parte. Desde luego, no tiene por qué ser así. Nuestro trabajo demuestra que la cultura empresarial, en realidad, sí puede gestionarse. De hecho, el primer paso —y el más importante— que un líder puede dar para maximizar su valor y minimizar sus riesgos es tomar plena conciencia de cómo funciona dicha cultura.

Adaptado de «The Leader's Guide to Corporate Culture»,
de Boris Groysberg, Jeremiah Lee,
Jesse Pricey J. Yo-Jud Cheng.

Escribe pensando en tu lector

Para mejorar tu nivel de redacción, ponte en el lugar de tus lectores. Considera qué información desearías recibir y qué preguntas plantearías sobre el tema en cuestión. Si pretendes respetar el tiempo de los demás, presenta la información importante en primer lugar y procura que tus textos sean breves y concisos. En cuanto al tono, imagina que tus lectores son estudiantes despiertos —es decir, inteligentes pero inexpertos—, así que procura evitar las siglas o una jerga muy específica, y aclara cualquier término técnico que utilices. Si te centras en lo que necesita el lector, te asegurarás de que la gente entienda e incluso espere con ganas tus textos.

Adaptado de «4 Quick Tips to Improve Your Business Writing», de Lauren Brodsky.

Dos errores sobre seguridad psicológica

La seguridad psicológica es un elemento clave para los equipos de alto rendimiento, así que entender qué significa resulta fundamental. Existen dos ideas equivocadas y bastante extendidas. La primera: no se trata de ser «amable»; hay muchos entornos laborales con ambientes en los que predomina la cortesía, pero donde no existe seguridad psicológica, porque no hay sinceridad, y la gente se siente coartada por esa cortesía forzada. La segunda: la seguridad psicológica no consiste en experimentar comodidad todo el tiempo; de hecho, aprender, equivocarse y señalar errores suele resultar incómodo. Pero el objetivo final es ayudar a las personas a asumir riesgos en un entorno seguro; solo así podrán aprender, crecer y preparar al equipo para el éxito a largo plazo.

¿Alguna de estas ideas equivocadas ha influido en el modo en que entiendes la seguridad psicológica?

Adaptado de «What Is Psychological Safety?», de Amy Gallo.

Preguntas para uno mismo

¿Cuál es mi visión?

A lo largo de tu carrera profesional, plantearte cada cierto tiempo algunas preguntas puede resultarte de gran ayuda para no desviarte de tus metas u objetivos. Una de estas preguntas es: ¿cómo y cuántas veces compartes tu visión y tus prioridades con los miembros de tu equipo? En la vorágine cotidiana, es complejo articular una visión global y asegurarte de que tu equipo comprenda lo que esperas de sus miembros. Pero, al mismo tiempo, es muy difícil liderar a un grupo de personas que no saben hacia dónde dirigir sus esfuerzos o cuál es el objetivo final.

¿Tus trabajadores saben qué quieres, porqué lo quieres y cuál es su papel en el futuro de la empresa?

Adaptado de «What to Ask the Person in the Mirror», de Robert Steven Kaplan.

Ser mando intermedio resulta agotador

Tu puesto de mando intermedio puede ser cognitiva y emocionalmente agotador, porque juegas distintos papeles. Por ejemplo, gozas de más poder que el resto de miembros de tu equipo, pero a la vez respondes ante el personal directivo, que está más arriba en la jerarquía. Esto significa que has de cambiar una y otra vez el estilo de tus interacciones (asertividad versus respeto) y que debes adoptar actitudes distintas ante diferentes grupos de interés. Este «cambio de código vertical» suele tener consecuencias negativas que van desde el estrés y la ansiedad hasta un menor rendimiento cognitivo. Es posible que no tengas la capacidad para cambiar estas dinámicas por tu cuenta, pero ser más consciente de ellas sin duda te ayudará a colaborar con tu jefe para aliviar esa carga.

¿Has experimentado la presión del cambio de código vertical en tu trabajo?

Adaptado de «Why Being a Middle Manager Is So Exhausting», de Eric M. Anicich y Jacob B. Hirsh.

Una forma sencilla de presentarte

Como líder, seguro que conoces a mucha gente. Por tanto, presentarte de forma rápida y eficaz (sin explayarte demasiado) es un reto. Una presentación ideal debería constar de unas pocas frases. Prueba con la estructura *presente, pasado* y *futuro* para crear la tuya.

- Empieza con el presente, es decir, con una afirmación que incluya tu nombre y ciertos detalles relevantes, como tu cargo o un proyecto que estés liderando.
- Luego, usa el pasado para darte credibilidad. Podrías mencionar, por ejemplo, algunos logros o proyectos anteriores.
- Por último, muestra entusiasmo por el futuro. Una buena opción es decir que te entusiasma colaborar con tu audiencia, o anunciar cuáles son tus principales objetivos para el próximo trimestre.

Presente, pasado, futuro: así de sencillo.

Adaptado de «A Simple Way to Introduce Yourself», de Andrea Wojnicki.

¿Por qué seguimos promocionando a personas incompetentes?

«El problema, al parecer, no es que carezcamos de los medios para detectar la incompetencia, sino que con demasiada frecuencia elegimos dejarnos seducir por ella. Cada cual tiene la culpa de sus propias decisiones autodestructivas en materia de liderazgo. Quizá sea el momento de dejar de presumir de humildad e integridad, y empezar a predicar con el ejemplo, seleccionando líderes en función de estas cualidades. Es decir, en lugar de ascender a la gente por su carisma, exceso de confianza y narcisismo, debemos poner al mando a personas competentes, humildes e íntegras de verdad. Y el problema no es que estas cualidades sean difíciles de medir, sino que parece que no las deseamos tanto como decimos».

Adaptado de «How to Spot an Incompetent Leader», de Tomas Chamorro-Premuzic.

Demuestra al jefe de tu jefe que puedes pensar de forma estratégica

Tu jefe no es el único ejecutivo que debería saber lo que puedes hacer; demuéstrale también al jefe de tu jefe que eres capaz de pensar de forma estratégica sobre el negocio. La próxima vez que te reúnas con esa persona, plantea preguntas que muestren tu visión global y a largo plazo. Por ejemplo: «¿Qué hitos se prevé que alcance la empresa en cinco o diez años?», «¿A qué tendencias del sector debería prestar atención mi equipo?» o «¿Cómo valora la evolución de las contribuciones de mi equipo, dadas las prioridades estratégicas de la empresa?». Preguntas como estas demostrarán al personal directivo que tu intención es crecer y aportar más valor a la organización.

Adaptado de «How to Have a Successful Meeting with Your Boss's Boss», de Melody Wilding.

Presenta tus datos de forma clara

Disponer de un gran volumen de datos no garantiza que tu presentación de los mismos sea eficaz; necesitas, además, explicar qué significan. Plantéate cuál es la idea principal que quieres que tu audiencia comprenda y transmítela en tu presentación («Esta tabla muestra...»). No dejes que el público interprete los números, y asegúrate de que tus gráficos sean legibles tanto de forma presencial como virtual. Cuanto más sencillas sean las diapositivas, mejor. Y presenta solo los datos que respalden tus argumentos. Por ejemplo, si estás ilustrando una tendencia de ventas de los últimos dos años, lo que sucedió hace tres años puede ser irrelevante. Nunca le ofrezcas a tu audiencia más números de los necesarios.

Adaptado de «Present Your Data Like a Pro», de Joel Schwartzberg.

Aprovecha el tiempo entre reunión y reunión

¿Demasiadas reuniones para ocuparte de tu lista de tareas pendientes? Cambia tu punto de vista. Divide los grandes compromisos en pequeñas tareas de modo que puedas llevarlas a cabo cuando dispongas de unos minutos. Elabora una lista de tareas breves y recurre a ella para progresar poco a poco. Tachar aunque sea un par de tareas pendientes te acercará a tu objetivo. Si aun así tienes problemas para cumplir con tus obligaciones, incorpora a tu agenda un «tiempo de proyecto» como evento recurrente. Por ejemplo, reserva una hora cada mañana para trabajar sin distracciones. Protege esos bloques de tiempo y destínalos a las tareas importantes que de otro modo nunca llegarías a terminar.

Adaptado de «How to Get Your To-Do List Done When You're Always in Meetings», de Elizabeth Grace Saunders.

Disfruta del silencio

«Procurarse unos instantes de silencio restaura el sistema nervioso, ayuda a mantener la energía y entrena la mente para volverse más adaptable y receptiva ante los entornos complejos en los que hoy en día vivimos, trabajamos y ejercemos como líderes. Pero cultivar el silencio no consiste solo en alejarse por un momento del cuchicheo de la oficina o de las notificaciones virtuales. El silencio sostenido de verdad, el que favorece un pensamiento claro y creativo, acalla tanto el ruido interior como el exterior. Este tipo de silencio permite relajar esos reflejos mentales que solemos activar para proteger nuestra reputación o defender nuestro punto de vista».

Adaptado de «The Busier You Are, the More You Need Quiet Time», de Justin Zorn y Leigh Marz.

Potencia las conversaciones sobre salud mental

Las personas con problemas de salud mental deberían poder pedir ayuda sin miedo a que se las juzgue. Plantéate cómo generar un entorno de trabajo en el que se sientan lo bastante seguras como para hacerlo. Por ejemplo, presta atención al lenguaje que usa tu equipo. Comentarios como «No te obsesiones con mi hoja de cálculo» estigmatizan problemas que alguien podría estar sufriendo. Rechaza este tipo de expresiones cuando las oigas y, si hace falta, explica por qué son dañinas. Familiarízate con los recursos de salud mental que ofrece tu empresa y prepárate para orientar a las personas hacia ellos.

Adaptado de «5 Ways Bosses Can Reduce the Stigma of Mental Health at Work», de Diana O'Brien y Jen Fisher.

No te conviertas en víctima de tu propio éxito

Contén tu impaciencia

Si quieres seguir rindiendo al máximo, debes superar los escollos que surgen con el éxito. Uno de ellos es perder la paciencia cuando no llegan los resultados. Las personas acostumbradas al éxito suelen resolver con rapidez los problemas, uno detrás de otro. Sin embargo, esta fórmula no siempre funciona para los grandes desafíos. Cuando experimentas con nuevos métodos, pides feedback, ajustas tu enfoque o intentas generar consenso sobre el mejor camino a seguir, tu impaciencia puede convertirse en una trampa: un obstáculo que dificulta la innovación, limita las ideas nuevas y entorpece la comunicación.

¿Cómo puedes tomarte con calma la resolución de problemas complejos para permitir que las grandes ideas se desarrollen de forma adecuada?

Adaptado de «Want to Change the World? Don't Let Your Own Success Get in the Way», de Rosabeth Moss Kanter.

9 de febrero

En épocas de cambios, pregunta a los miembros de tu equipo qué les preocupa

Para liderar con éxito un cambio organizacional, debes comunicarte con empatía. Esto implica averiguar cuál es la receptividad al cambio de tu equipo y adaptar tus correos y reuniones a sus preocupaciones. Pregúntales qué les inquieta y qué tipo de mejoras les gustaría ver. Escucha y luego responde a sus inquietudes de la forma más transparente posible. Repite estos pasos en cada fase del proceso para poder evaluar cómo cambian los sentimientos de la gente con el tiempo. Tu objetivo es asegurarte de que todo el mundo se sienta incluido y escuchado.

Adaptado de «The Secret to Leading Organizational Change Is Empathy», de Patti Sanchez.

Supera el aislamiento ejecutivo

Identifica las señales

La soledad que sientas como líder quizá parezca un precio pequeño a pagar frente a las recompensas, el reconocimiento y el poder que te otorga un puesto así. Pero ese aislamiento puede afectar a tu capacidad para tomar decisiones y tu eficacia. Una forma de superar esta situación es empezar reconociendo que existe. Por eso, reflexiona con regularidad sobre si estás empezando a desconectarte de tu entorno. Pregúntate: ¿los trabajadores muestran rechazo hacia tu forma de pensar o suelen estar de acuerdo contigo? ¿Obtienes una visión global de las situaciones o solo limitada? ¿Pides consejo a colegas de confianza o te dejas llevar por tu instinto?

Adaptado de «How to Overcome Executive Isolation»,
de Ron Ashkenas.

Tu personal necesita tanto reconocimiento como aprecio

Es posible que uses los términos «reconocimiento» y «aprecio» de forma indistinta, pero la gente necesita ambos, por lo que es útil entender la diferencia. El reconocimiento consiste en dar feedback positivo según los resultados o el rendimiento de alguien. Esto puede ocurrir de manera formal (mediante premios o ascensos) o informal (a través de agradecimientos verbales o notas manuscritas). El aprecio, en cambio, consiste en reconocer el valor intrínseco de una persona. No se trata de sus logros, sino de su valía como colega y como ser humano. Esta distinción es importante, porque si te centras solo en elogiar los resultados positivos (es decir, en el reconocimiento), pierdes oportunidades de conectar con los miembros de tu equipo y de apoyarles (es decir, de mostrarles aprecio). El reconocimiento es importante cuando alguien lo merece; el aprecio lo es en todo momento.

Adaptado de «Why Employees Need Both Recognition and Appreciation», de Mike Robbins.

Desarrolla tu agilidad de aprendizaje

Mejora en la recepción de feedback

Según los estudios de Korn Ferry, si te basas en los mismos supuestos y patrones de conducta a los que has recurrido durante años como líder corres el riesgo de estancarte, rendir por debajo de tu potencial o salirte del rumbo que te has marcado. La solución consiste en desarrollar la agilidad de aprendizaje, esto es, la capacidad para aprender de manera rápida y continua. Una buena forma de hacerlo es rebajando la actitud defensiva al recibir feedback. Cuando tienes un historial de éxitos, es fácil que tiendas a minimizar las críticas o a ver los problemas como casos aislados. Pero es básico mantener una actitud abierta a las críticas. No discutas con nadie: simplemente escucha. Piensa que siempre tendrás algo nuevo que aprender y que los nuevos puntos de vista son esenciales para tu crecimiento.

Adaptado de «4 Ways to Become a Better Learner», de Monique Valcour.

Tu presentación exprés debe evolucionar contigo

Al principio de tu carrera, es probable que te enseñaran a elaborar presentaciones exprés (*elevator pitch*, en inglés) para aprovechar al máximo los encuentros fortuitos con superiores o posibles empleadores. Seguro que te aconsejaron tener respuestas bien preparadas para preguntas como «¿en qué estás trabajando ahora mismo?» o «¿qué quieres hacer?». Sin embargo, una vez que ostentas un cargo de mayor responsabilidad, necesitas una presentación que responda a otro tipo de preguntas, como «¿qué tipo de líder eres?» y «¿a qué das más importancia?». Y recuerda que tu objetivo es ser predecible, en el mejor sentido de la palabra: alguien cuyos valores son claros e inquebrantables.

Adaptado de «The Leap to Leader»,
de Adam Bryant.

¿Cuál es tu grado de influencia en el trabajo?

La medida en que influyes en tu entorno laboral no siempre depende del cargo que ocupes. Evalúa tu poder informal elaborando una lista de las diez personas que más te ayudan a sacar el trabajo adelante y considera cuánto dependes de cada una de ellas (por ejemplo, para recibir consejo profesional, apoyo emocional o acceso a grupos de interés). A continuación, reflexiona sobre ti desde su perspectiva: ¿qué les ofreces a cambio a cada una de esas personas? Por último, busca señales de alerta: ¿tus contactos te ayudan más a ti de lo que tú los ayudas a ellos? ¿Se concentran principalmente en una determinada unidad de negocio? Si los resultados de tu análisis no te satisfacen, piensa en cómo mejorarlos; por ejemplo, contribuyendo más en otras áreas de la empresa o pasando más tiempo con las partes interesadas.

Adaptado de «How to Figure Out How Much Influence You Have at Work», de Maxim Sytch.

15 de febrero

Mejora la planificación de relevos

Empieza ahora

La planificación de los relevos en cargos directivos es un proceso complejo y a la vez fundamental para el éxito a largo plazo de tu empresa. ¿El Consejo de Administración trata el tema de forma proactiva? Es posible que ya hayan elegido un sustituto para el director general (CEO), pero que no lo hayan preparado totalmente para el cargo; o tal vez se han limitado a delegar esa responsabilidad en el CEO actual. Ninguno de estos enfoques es suficiente. La planificación de los relevos directivos debe empezar en el mismo momento en que se nombra a un nuevo CEO. Los directores deberían vigilar de forma constante la cantera de talentos y hacer los ajustes necesarios. Si no hay ningún posible sucesor entre los colaboradores directos del CEO, observa el siguiente nivel y considera oportunidades de desarrollo para ayudar a esos ejecutivos a progresar. Empezar ahora mismo a preparar el relevo es la mejor manera de respaldar y asegurar el futuro de la empresa cuando llegue el momento.

Adaptado de «The High Cost of Poor Succession Planning», Claudio Fernández-Aráoz, Gregory Nagel y Carrie Green.

¿Sigues dándole vueltas a ese error que cometiste?

Cuando te equivocas, ¿te pasas días o incluso semanas analizando el fallo en tu cabeza? Este tipo de obsesión puede acabar generando mucha ansiedad. Para romper ese círculo vicioso:

- **Identifica qué desencadena esa obsesión.** ¿Hay personas, proyectos o decisiones que te hacen dudar de tu criterio? Fíjate en cuándo (y por qué) una situación te lleva a pensar de más.
- **Pon nombre a tus pensamientos y emociones.** En vez de decir «soy inútil», di más bien «me *siento* incompetente». Ese pequeño cambio creará distancia entre tú y tus reacciones.
- **Distráete.** Si nada de lo anterior funciona, sal a caminar, medita o haz alguna tarea mecánica, como cumplimentar un informe de gastos: cualquier actividad sencilla que te permita centrarte durante unos minutos.

Adaptado de «How to Stop Obsessing Over Your Mistakes», de Alice Boyes.

Cómo fomentar el desarrollo de las mujeres

Ofréceles oportunidades de desarrollo

Como líder, sabes que sigue habiendo pocas mujeres en puestos de poder: solo unas cuantas empresas de la lista *Fortune 500* están dirigidas por una mujer, y aún menos por mujeres racializadas. Una forma de reducir las barreras que frenan su progreso es ofrecerles oportunidades reales de crecer y desarrollarse. Asegúrate de que tanto hombres como mujeres tengan acceso a retos y proyectos clave, y evita que las mujeres queden relegadas a funciones de menor visibilidad o prestigio. Acompáñalas mediante una mentoría o un patrocinio, porque incluso las más capacitadas suelen recibir estos apoyos con menos frecuencia que sus homólogos masculinos. Dar a mujeres y hombres las mismas oportunidades para brillar y desarrollarse (y, así, reducir la brecha de género) debe ser un proceso consciente y constante.

Adaptado de «How to Close the Gender Gap», de Colleen Ammerman y Boris Groysberg.

¿Qué hace la gente con éxito?

Concreta tus metas y aprovecha cada oportunidad para avanzar

¿Por qué has logrado cumplir algunos de tus objetivos y otros no? Incluso las personas más brillantes y con una trayectoria impecable suelen tener dificultades para entender las razones de sus éxitos y fracasos. Sin embargo, décadas de investigación sobre el rendimiento han demostrado que quienes alcanzan mejores resultados hacen ciertas cosas de manera diferente. Una de ellas es definir objetivos concretos. «Comer menos» o «dormir más» no describen qué significa de verdad alcanzar el éxito en esos ámbitos; en cambio, «perder dos kilos» o «acostarme a las diez» sí son metas claras y precisas. Del mismo modo, las personas de éxito identifican y aprovechan las oportunidades para avanzar hacia sus objetivos. Deciden cuándo llevarán a cabo acciones específicas: «Los lunes haré 30 minutos de ejercicio antes de ir a trabajar». Este tipo de planificación aumenta de forma considerable las probabilidades de cumplir lo que te propones.

Adaptado de «Nine Things Successful People Do Differently», de Heidi Grant.

Fija estándares de trabajo saludables para tu equipo

Si tu equipo se siente siempre desbordado, su creatividad, motivación y satisfacción laboral se resentirán. Por eso es importante fijar estándares de trabajo saludables. Empieza por dar ejemplo: tómate tu pausa para comer, deja de trabajar a una hora razonable y no envíes correos tarde por la noche. Además, puedes ayudar a los miembros de tu equipo a gestionar mejor su tiempo. Enséñales, por ejemplo, a reservar bloques de tiempo para cerrar proyectos pendientes y liberar espacio en su lista de tareas pendientes. Por otro lado, puedes ser más transparente con las cargas de trabajo manteniéndote al día de lo que está haciendo cada persona. A partir de ahí, valora si el equipo necesita más recursos o si hay tareas que podrían dejar de hacerse.

Adaptado de «Preventing Busyness from Becoming Burnout», de Brigid Schulte.

20 de febrero

El motor del cambio: el *storytelling*

Comprende a fondo, explica con sencillez

Si tu empresa necesita plantearse un gran cambio, la técnica del *storytelling*, el arte de contar historias para transmitir mensajes, puede ayudarte no solo a explicar por qué es necesaria esa transformación, sino también a mostrar cómo será el futuro de forma concreta y sugerente. Un buen trabajo de *storytelling* cumple cuatro funciones, y una de ellas es comprender en profundidad y describir con sencillez. Sea cual sea tu formación, si solo eres capaz de explicar algo con un lenguaje complejo o lleno de jerga, entonces convencerás nada más que a los especialistas. Piensa en el cambio que quieres liderar y pregúntate: «¿Podría expresar mi visión en tan solo una página? ¿En un párrafo? ¿En una palabra?». Cuanto más simple seas capaz de expresarlo, mejor.

Adaptado de «Storytelling That Drives Bold Change», de Frances X. Frei y Anne Morriss.

Un auténtico líder aprecia las opiniones contrarias

«Los mejores líderes con los que he trabajado, esos directivos y emprendedores que han generado un valor económico sólido basado en los valores humanos, reconocen y asumen la *obligación de mostrarse en desacuerdo* [...] No puedes ser buen líder en los negocios, la política o la sociedad a menos que fomentes en quienes te rodean la libertad de decir lo que piensan, señalar la hipocresía y la mala conducta, y comportarse de manera igual de directa y firme al evaluarte a ti como tú lo eres al definir tus estrategias y planes para ellos».

Adaptado de «True Leaders Believe Dissent Is an Obligation», de Bill Taylor.

Por qué deberías leer más libros de ficción

Muchos líderes tienen el hábito de leer, pero la mayoría se decanta por la literatura de no ficción. Y, aunque es cierto que las lecturas de corte más académico o didáctico tienen un gran valor, lo que te ofrece la ficción es igual de importante. Las obras de ficción, tanto clásicas como contemporáneas, te brindan multitud de lecciones prácticas para aprender a gestionar la complejidad moral del ser humano: desde expresar los matices de un tema espinoso hasta afrontar dilemas relacionados con la avaricia, el autoengaño o la necesidad de caer bien. Los personajes de ficción afrontan constantemente estos y otros conflictos, y luchan por tomar decisiones coherentes con sus valores. Por eso, sobre todo cuando te enfrentas a situaciones sin una respuesta clara, sus historias pueden transmitirte enseñanzas valiosas para tu vida y tu trabajo.

Adaptado de «Want to Be a Leader? Read More Fiction», de Brooke Vuckovic.

23 de febrero

Rompe con los hábitos que limitan tu carrera

Cómo tomar distancia

Todo el mundo tiene algún hábito que frena su carrera, como procrastinar o mirar el móvil cuando debería estar escuchando a los demás. Pero, según los estudios de *Crucial Learning*, quienes logran superar los malos hábitos son capaces de controlar las circunstancias que los alimentan. Una manera de hacerlo consiste en «tomar distancia» de forma estratégica. Por ejemplo, si necesitas librarte de la mala costumbre de procrastinar, lleva a cabo las tareas exigentes en una sala pequeña en lugar de en un espacio abierto. Si tu intención es leer más noticias del sector, añade esas páginas al escritorio de tu ordenador en lugar de buscarlas entre los marcadores de internet. En general, aléjate de las tentaciones, rodéate de herramientas que te eviten distracciones y adapta tu entorno para favorecer el comportamiento que quieres consolidar.

Adaptado de «Trick Yourself into Breaking a Bad Habit», de Joseph Grenny.

¿Para qué sirven las buenas preguntas?

Demuestra que has hecho los deberes

Una gran pregunta puede ayudarte a aprender más sobre una tarea, descubrir oportunidades ocultas, obtener mejores resultados y reducir las probabilidades de que surjan riesgos imprevistos. Un factor que indica lo buena que es una pregunta es que demuestra que te has preparado para esa conversación. Sea cual sea el tema, quedará claro que has «hecho los deberes» y que conoces el contexto general. Las preguntas específicas invitan al resto a compartir su experiencia y dotan de fluidez a la conversación. Por ejemplo, no preguntes: «¿Cuál es nuestra estrategia para Sudamérica?». En su lugar, di: «He leído que nuestro principal competidor se está expandiendo en Brasil este año. ¿Cómo debería influir eso en nuestra estrategia para Sudamérica?».

Adaptado de «The Art of Asking Great Questions», de Tijs Besieux.

25 de febrero

Los grandes mentores eligen bien a sus pupilos

Compartir tus conocimientos y tu experiencia con alguien es una inversión, así que conviene elegir bien en este sentido. Un buen aprendiz es alguien curioso, organizado, eficiente, responsable, y muestra una auténtica implicación. Si, en cambio, espera que seas tú quien lleve el peso de la relación de mentoría, o bien insiste en hacerlo *todo a su manera*, mala señal. Pon a prueba su compromiso con algo sencillo: pídele que lea un libro y lo comente contigo de aquí a un mes, o que te acompañe a una sesión de estrategia y tome nota de sus observaciones al respecto. Así podrás ver cómo piensa, cómo se comunica y cuánto interés tiene en realidad.

Adaptado de «6 Things Every Mentor Should Do», de Vineet Chopra y Sanjay Saint.

26 de febrero

El poder de persuasión de los puntos en común y los halagos

A todos nos gustan las personas a las que les caemos bien o sienten aprecio por nosotros. Por eso, cuando necesitas ejercer tu poder de persuasión, una buena estrategia es detectar puntos en común o destacar algo que admires de la otra persona. Los puntos en común pueden tener que ver con cualquier cosa: un hobby, un equipo deportivo, tener o no tener hijos... Lo importante es hallar ese vínculo y establecerlo desde el principio para generar buena sintonía y transmitir confianza en los encuentros posteriores. En cuanto a los halagos, lo mejor es actuar con sinceridad y alabar la ética laboral de esa persona, la manera en que apoya a su equipo o cualquier otra cualidad que hayas visto en ella. Un cumplido sincero en el momento adecuado, o un interés compartido, puede ayudarte a obtener la confianza de alguien y dejarle claro que tus intenciones son buenas.

Adaptado de «Harnessing the Science of Persuasion», de Robert B. Cialdini.

¿Cuál es tu estilo de liderazgo?

Orientativo (o visionario)

Tu estilo de liderazgo es determinante para la empresa. Y un tipo de liderazgo que suele ejercer efectos positivos en el entorno laboral y en los resultados organizacionales es el orientativo o visionario. Los líderes con estilo orientativo son personas visionarias que permiten a su equipo experimentar y asumir riesgos; motivan a los demás explicándoles con claridad de qué modo su trabajo contribuye a la estrategia global de la empresa y ofreciéndoles feedback constante sobre cómo su rendimiento impulsa esa visión. Aunque este estilo suele ser eficaz, también puede fallar si el líder trabaja con un equipo de expertos o colegas con más experiencia, o si su estilo se vuelve dominante. Reflexiona sobre qué estilo requiere cada situación y analiza si tu enfoque actual funciona bien o necesita algún ajuste.

Adaptado de «Leadership That Gets Results», de Daniel Goleman.

Comparar las mujeres con los hombres es contraproducente para ellas

Integrar el liderazgo en la propia identidad es especialmente difícil para las mujeres, que deben ganarse la credibilidad en una sociedad que está muy dividida en cuanto a si deben ejercer la autoridad y sobre cuándo y cómo deberían hacerlo. Los estudios que asocian el liderazgo con comportamientos más comunes en los hombres sugieren que las mujeres «no están hechas para liderar». Y, aunque no exista una intención discriminatoria, ciertas formas sutiles de sesgo de género en el trabajo —los conocidos como sesgos «de segunda generación»— pueden obstaculizar el desarrollo de la identidad de liderazgo de toda la plantilla femenina de una empresa. La consecuencia de ello es la infrarrepresentación de mujeres en puestos de alto nivel, lo que a su vez refuerza creencias arraigadas, favorece y sostiene las aspiraciones de liderazgo de los hombres y mantiene el *statu quo*.

Adaptado de «Women Rising: The Unseen Barriers», de Herminia Ibarra, Robin J. Ely y Deborah M. Kolb.

1 de marzo

Cómo avanzar después de un cambio

Piensa en un «antes» y un «después»

En ocasiones, un gran cambio —sea personal o profesional— trastoca tu identidad. Romper con el pasado de forma clara puede ayudarte a seguir adelante. Elige un acontecimiento que sirva de frontera entre el «antes» y el «después». Puede ser algo importante, como una enfermedad o el nacimiento de un hijo; o simplemente decidir que, cuando te despiertes mañana, afrontarás con toda tu energía una nueva realidad. Sea lo que sea, otórgale un significado especial y plantéate contárselo a un amigo o a un colega para reforzar ese compromiso. Decidir de forma consciente pasar página te ayudará a dejar atrás una identidad que ya no forma parte de tu vida.

Adaptado de «When a Major Life Change Upends Your Sense of Self», de Madeline Toubiana, Trish Ruebottom y Luciana Turchick Hakak.

Comparte tus errores... y sus lecciones

Para que las personas rindan al máximo, necesitan saber que no serán castigadas cuando cometan errores. Para fomentar la seguridad psicológica en tu equipo, demuéstrales que cometer errores es humano y que aprender de ellos es algo que valoras mucho. Cuando los miembros de tu equipo estén atravesando dificultades, cuéntales que en alguna ocasión tú tampoco estuviste a la altura en el trabajo. Explícales cómo aquella experiencia te ayudó a crecer como líder y qué empezaste a hacer de otra manera como resultado. Háblales también del miedo, la duda o la vergüenza que sentiste después de equivocarte, para que esas emociones difíciles se perciban como algo normal. Si subrayas que los fallos son una fuente de aprendizaje, los miembros de tu equipo entenderán que no se espera que sean perfectos.

Adaptado de «What Is Psychological Safety?», de Amy Gallo.

Tu autoridad es fruto de la confianza

Muchos nuevos directivos se equivocan al principio porque tienen ideas erróneas sobre lo que significa ser jefe. Una de las creencias más extendidas es pensar que la gente te hará caso por la mera autoridad formal que otorga el cargo. Pero en realidad te respetarán si cuentas con las siguientes tres cualidades informales:

- **Carácter:** si actúas de forma correcta.
- **Competencia:** si contribuyes al éxito de tu equipo.
- **Influencia:** si utilizas los recursos y tus relaciones con otros departamentos para que el trabajo salga adelante.

Por tanto, no confíes solo en tu cargo para obtener resultados: los buenos profesionales no se limitan a cumplir órdenes. Lo que has de hacer es centrarte en potenciar la confianza y la credibilidad con tus colegas y tu equipo.

Adaptado de «Becoming the Boss», de Linda A. Hill.

Cómo evitar las dimisiones

No plantees objetivos inconsistentes

Perder a un miembro del equipo afecta a la moral y la productividad, y, además, reemplazar a quienes se marchan es caro. Uno de los errores que pueden provocar que tu gente se vaya de la empresa es plantear objetivos inconsistentes. Si pides a los miembros de tu equipo que aborden una tarea con unas expectativas difíciles de asumir (como, por ejemplo, «atender más rápido al cliente» y «registrar la información con precisión»), acabarás teniendo a un equipo estresado y sin prioridades claras. Puedes empezar poniendo por escrito tus objetivos y las expectativas de la gente, y luego pensar si se contradicen o son inasumibles. A continuación, efectúa los cambios necesarios y compártelos con el equipo. Este ejercicio les dará más estabilidad y un mayor control sobre su trabajo.

Adaptado de «8 Things Leaders Do That Make Employees Quit», de Jon Christiansen.

5 de marzo

Distingue la competencia de la estrategia

¿Por qué las empresas tienden a centrarse en mejorar de manera progresiva sus productos actuales en lugar de crear nuevos mercados o sectores, si esta última estrategia suele ofrecer un mayor retorno de la inversión? Parte del problema es que solemos pensar que la competencia está ligada de forma intrínseca a la estrategia, y que superar a los rivales debe ser nuestro principal objetivo. Y sí, la competencia es importante, pero también lo es buscar ideas originales y explorar nuevos mercados. Cuando lideres sesiones de lluvia de ideas o de innovación, sal de tu zona de confort y anima a tu equipo a detectar oportunidades que nadie haya considerado aún. La mejor clase de competencia se da en espacios donde nadie más está compitiendo.

Adaptado de «Blue Ocean Strategy»,
de W. Chan Kim y Renée Mauborgne.

La relación entre progreso y motivación

«De todas las cosas que pueden estimular las emociones, la motivación y el aprendizaje en una jornada de trabajo, la más importante es sentir que se avanza hacia la consecución de un objetivo significativo. Y si la gente experimenta esa sensación de progreso con frecuencia, hay más probabilidades de que sea productiva y creativa a largo plazo. Tanto si tratan de resolver un importante enigma científico como si se limitan a crear un producto o servicio de alta calidad, el progreso de cada día —incluso una pequeña victoria— puede marcar una gran diferencia respecto a cómo se sienten y trabajan».

Tómate cinco minutos al final de la jornada para anotar tres cosas que hayas hecho y de las que te sientes orgulloso; de este modo plasmarás el progreso gradual hacia tus objetivos.

Adaptado de «The Power of Small Wins»,
de Teresa M. Amabile y Steven J. Kramer.

Ayuda a tu equipo directivo a debatir de manera eficaz

Lograr que el equipo directivo debata de forma constructiva puede suponer un auténtico desafío. Las distintas personalidades quizá se entremezclen con los problemas y los directivos tengan dificultades para equilibrar la toma de decisiones racional con sus tendencias emocionales. Ayúdales, pues, a debatir como un verdadero equipo, centrándose en los hechos y los datos, no en las intuiciones. Considera múltiples opciones, ampliando la discusión y evitando enfoques rígidos que se limiten a dos alternativas. Plantear las decisiones estratégicas como ejercicios colaborativos, en lugar de competitivos, es otra forma de evitar que los conflictos se vuelvan personales. Y no subestimes el poder de un simple chiste para aligerar el ambiente: incluso un humor algo forzado es capaz de liberar tensión y fomentar la colaboración.

Adaptado de «How Management Teams Can Have a Good Fight», de Kathleen M. Eisenhardt, Jean L. Kahwajy y L. J. Bourgeois III.

¿Qué lamentarás no haber hecho?

Las carreras profesionales rara vez siguen una línea recta. Es probable que la tuya se mueva en varias direcciones, algunas menos evidentes que otras. Para hacer balance de dónde estás y adónde quieres llegar, pregúntate: «Dentro de diez años, ¿qué lamentarás no haber hecho o aprendido?». Piensa en los temas en los que te gustaría profundizar, en los intereses que desearías desarrollar y en los lugares que querrías visitar, tanto desde una perspectiva personal como laboral. Luego reflexiona sobre tu trayectoria profesional y plantéate cómo podrías incorporar estos objetivos. Hacer este tipo de reflexión con cierta regularidad, y alinear tus prioridades con los trabajos presentes y futuros, siempre que sea posible, te ayudará a que tu camino profesional sea satisfactorio y pleno.

Adaptado de «6 Questions to Ask at the Midpoint of Your Career», de Rebecca Knight.

9 de marzo

La transición hacia el liderazgo directivo

Cambia el papel de especialista por el de generalista

Cuando pasas de liderar un departamento a tomar las riendas de un proyecto o empresa, debes afrontar una serie bastante compleja de cambios en tu enfoque y tus habilidades de liderazgo. Uno de ellos es convertirte en una persona «generalista». Nadie es experto en todas las áreas; y, desde luego, resulta tentador supervisar al milímetro las tareas que dominas y dejar a un lado aquellas que desconoces. Pero cada función en una empresa tiene una subcultura distinta, es decir, sus propios modelos mentales, lenguajes y herramientas. Necesitas conocerlos todos y, al mismo tiempo, ser capaz de evaluar y contratar a personas expertas en las áreas que no dominas. Comienza por estrechar relaciones con colegas de otras áreas para obtener apoyo y aprendizaje mutuo, y también para entender cómo se define la excelencia en cada área.

Adaptado de «How Managers Become Leaders»,
de Michael D. Watkins.

Reserva algo de tiempo para tus hobbies

Según una investigación de la Vrije Universiteit Amsterdam, los mejores líderes afirman que sus hobbies les ayudan a sobrellevar las exigencias cada vez mayores de su trabajo. Al dedicar tiempo a sus aficiones, intereses personales, actividades de voluntariado o, incluso, a su bienestar personal, los líderes participantes en el estudio evitaban que el trabajo los absorbiera por entero. Los beneficios que aportan los hobbies son múltiples: desde enseñar humildad hasta reforzar la propia identidad o ayudar a desconectar del trabajo.

¿Qué beneficios aplicables al liderazgo te aportan tus aficiones? ¿Cómo podrías reservar más tiempo para ellas?

Adaptado de «Why CEOs Devote So Much Time to Their Hobbies», de Emilia Bunea, Svetlana N. Khapova y Evgenia I. Lysova.

11 de marzo

Cuando el trabajo es abrumador

Practica la aceptación

Cuando tienes demasiadas tareas pendientes es posible que experimentes ansiedad cada vez que no estás trabajando. Pero una lista interminable de tareas no tiene por qué abrumarte. Una buena estrategia para manejar el estrés es practicar la aceptación. El mejor diálogo interno posible es compasivo y te ayuda a sentirte mejor, con más calma y con todo bajo control. Prueba con frases como las siguientes:

- «Solo puedo concentrarme en lo que estoy haciendo ahora mismo».
- «Me gustaría poder hacer más en un día, pero aceptaré mis límites».
- «Disfruto de mi trabajo, así que me gusta estar en constante actividad. Es normal que a veces esto me abrume. Pero puedo manejar esas emociones y hacer ajustes cuando sea necesario».

Adaptado de «5 Things to Do When You Feel Overwhelmed by Your Workload», de Alice Boyes.

Conoce tus fortalezas, conoce tus debilidades

«Asumir la responsabilidad de tu carrera profesional comienza con una evaluación precisa de tus habilidades y tu rendimiento actuales. ¿Puedes anotar tus dos o tres mayores fortalezas y tus dos o tres debilidades principales? Este ejercicio requiere una reflexión profunda, y casi siempre implica solicitar la opinión de ciertas personas que te dirán la verdad sin filtros. Toma el control de este proceso buscando una mentoría, solicitando comentarios específicos y mostrando una actitud abierta a la opinión de una amplia variedad de personas de distintos niveles jerárquicos dentro de tu empresa. Esta recopilación de feedback debe ser un proceso continuo, porque, conforme tu carrera avanza, te enfrentarás a nuevos desafíos y exigencias».

¿Cómo puedes convertir este proceso de recopilación de opiniones en una práctica regular y sostenible?

Adaptado de «Reaching Your Potential»,
de Robert Steven Kaplan.

13 de marzo

Aprender a aprender

Aspira a más

Adquirir nuevos conocimientos de manera rápida y continua es una habilidad que nunca quedará obsoleta. Una forma de lograrlo es elevar tus aspiraciones. Cuando nos enfrentamos a una oportunidad de aprendizaje, con frecuencia nos centramos en lo negativo: «Esto me llevará demasiado tiempo» o «Mi método actual ya funciona bien», lo cual disminuye nuestra motivación. Por eso, intenta mostrar más entusiasmo para aprender enfocándote en los aspectos positivos. Imagina los beneficios tangibles que te aportará una nueva habilidad, como comprender mejor el comportamiento de tu clientela o permitirte resolver problemas de forma distinta. Al orientar tu mentalidad hacia cómo poner en práctica lo aprendido, puedes motivarte para aprender casi cualquier cosa.

Adaptado de «Learning to Learn»,
de Erika Andersen.

14 de marzo

Tu voz de liderazgo

El carácter

Cultivar tu voz de liderazgo requiere desarrollar la capacidad para responder de manera auténtica, constructiva y eficaz, sin importar la situación o la audiencia a la que te enfrentes. Un aspecto de tu voz es el carácter; este se basa en los principios fundamentales que guían y motivan tus acciones. Principios como «conceder el beneficio de la duda» o «actuar de forma directa, pero con respeto» pueden servir de ancla, ayudándote a que no te conviertas en un camaleón, no cedas ante una respuesta de lucha o huida, o no trates mejor a la gente solo cuando tienes algo que ganar. En última instancia, una voz basada en el carácter refleja quién eres y quién eliges ser.

¿Cómo demuestras tu carácter a través de lo que dices y haces?

Adaptado de «You Don't Just Need One Leadership Voice—You Need Many», de Amy Jen Su.

15 de marzo

Desarrolla habilidades que la IA no pueda copiar

Potencia tus habilidades interpersonales

Las herramientas de IA pueden competir en las tareas básicas de muchas profesiones, como la redacción o el diseño. Por eso es fundamental progresar en áreas que la IA no sea capaz de replicar. Una forma de hacerlo es perfeccionar las habilidades «blandas», tan cruciales para el liderazgo. Si bien las máquinas intentan mostrar empatía o autoconciencia (diciendo cosas como «lamento que mi respuesta te haya molestado»), esas reacciones se basan en predicciones de texto, no en sentimientos reales. En tu caso, como ser humano que eres, se te ha diseñado para responder a las emociones. Dicho de otro modo, comprender lo que los demás piensan y sienten, y sobre todo ser capaz de demostrarlo, continuará siendo esencial para prosperar en medio de avances tecnológicos cada vez mayores.

Adaptado de «5 Ways to Future-Proof Your Career in the Age of AI», de Dorie Clark y Tomas Chamorro-Premuzic.

Echa una mano a tu personal para que hallen un propósito en su trabajo

Inculcar un propósito a los trabajadores requiere mucho más que discursos grandilocuentes o fijar objetivos. En realidad, si aplicas mal estos métodos puedes fomentar el escepticismo en lugar del compromiso. Para inspirar e implicar a tu gente, recuerda dos cosas. En primer lugar, que hallar un propósito tiene que ver con los sentimientos. Es sencillo decirle a tu equipo que su trabajo es importante, pero ¿eres capaz de echarles una mano para que de verdad lo sientan así? Busca formas de expresar la relevancia de su trabajo; por ejemplo, a través de los comentarios de clientes. En segundo lugar, la autenticidad es crucial. Si tus intentos de generar un propósito no están alineados con tu conducta previa, el mensaje caerá en saco roto. Por ejemplo, si después de centrarte durante años en los beneficios trimestrales de pronto haces hincapié en el modo en que un producto afecta a la calidad de vida de un cliente, podría parecer falso, artificial.

Adaptado de «Helping Your Team Feel the Purpose in Their Work», de Dan Cable.

17 de marzo

Ser brillante no significa ser inteligente

«Demasiada gente (sobre todo quienes cuentan con una gran experiencia en un área determinada) desprecia el conocimiento de otros campos o cree que ser brillante sustituye la necesidad de saber. Los ingenieros de alto nivel, por ejemplo, suelen enorgullecerse de no saber nada sobre las personas; creen que los seres humanos son demasiado caóticos para una mente matemática. En cambio, muchos profesionales de recursos humanos sienten una especie de orgullo por su ignorancia sobre contabilidad o, directamente, acerca de cualquier método cuantitativo. Sin embargo, enorgullecerte de esa ignorancia te perjudica. Esfuérzate para adquirir las habilidades y los conocimientos necesarios para desarrollar de forma plena tus fortalezas».

Adaptado de «Managing Oneself», de Peter F. Drucker.

18 de marzo

Desarrolla tus habilidades colaborativas

La autoconsciencia interna

Los equipos son sistemas interconectados de preferencias, habilidades, destrezas y perspectivas. Para liderar de un modo adecuado esta entidad compleja, debes desarrollar tu autoconciencia *interna*. Para ello, has de reflexionar sobre tus sentimientos, creencias y valores. Sin esa comprensión fundamental, es muy probable que pienses que tus creencias son «la verdad» y cometas el error de no considerar válidas las perspectivas ajenas. Para desarrollar tu autoconciencia interna, plantéate las siguientes preguntas cuando afrontes una dificultad:

- ¿Qué emociones estoy experimentando?
- ¿Qué estoy dando por sentado sobre una persona o una situación concretas?
- ¿Cuáles son los hechos y qué influencia tienen sobre mis interpretaciones?
- ¿Cuáles son mis valores fundamentales y cómo podrían estar influyendo en mis reacciones?

Tomarte una pausa para considerar otras respuestas tal vez te ayude a mejorar tu implicación y que así puedas rendir al máximo.

Adaptado de «To Improve Your Team, First Work on Yourself», de Jennifer Porter.

Valora la productividad en lugar de la mera actividad

¿Te importa que los miembros de tu equipo parezcan ocupados todo el tiempo? Si es así, quizá estés generando una cultura laboral en la que una actividad constante no implique producir más. Pero este patrón destructivo se puede revertir. Empieza por recompensar los resultados, no las horas trabajadas. Promociona a quienes obtengan los mejores logros, con independencia del tiempo que pasen frente al ordenador. Después, fomenta el trabajo que se hace a conciencia; libera tiempo de tu gente para que puedan centrarse en proyectos de alto valor, delegando o prescindiendo de aquellas tareas que aporten poco. Y, por último, da ejemplo: los mejores líderes no son quienes jamás salen de la oficina, sino quienes saben qué trabajo importa de verdad... y se permiten desconectar cuando lo han terminado.

Adaptado de «Beware a Culture of Busyness»,
de Adam Waytz.

Cuando el crecimiento se estanca

Optimiza tu entorno

Cuando asumes un puesto de liderazgo, es fácil que tu crecimiento se estanque. En esa situación tus objetivos se vuelven más difusos (gestionar un equipo, dirigir un departamento, etc.) y las incontables demandas que surgen a tu alrededor pueden alejarte de tus verdaderas prioridades. Así, para seguir creciendo, intenta optimizar tu entorno. Piensa en las distracciones físicas habituales, como mirar el teléfono móvil, y en cómo minimizarlas; por ejemplo, dejándolo lejos de ti mientras trabajas. O mejora tu entorno psicológico poniéndote plazos concretos, incluso para proyectos que no tengan una fecha límite de entrega. Según un estudio de la Universidad Estatal de Florida, las personas con gran autocontrol no superan las tentaciones solo a base de fuerza de voluntad: en realidad, modifican su entorno para favorecer su productividad.

Adaptado de «3 Strategies for Holding Yourself Accountable», de Diana Kander.

Demuestra tu pensamiento estratégico en las reuniones

Ser capaz de pensar de forma estratégica no es suficiente: la alta dirección de tu empresa necesita ser testigo de tu forma de pensar. Muestra tus habilidades y tu ambición aportando tu punto de vista en las reuniones. Antes de una reunión estratégica, por ejemplo, reserva un tiempo para repasar la agenda y prepararte. Luego, ya en la reunión, busca un momento para compartir tu perspectiva con el resto de asistentes. Para que los directivos vean que no te miras el ombligo, demuestra que también has pensado en cómo los asuntos en cuestión afectarán a los demás departamentos o al entorno de la empresa. Esos líderes sabrán que es el momento ideal para ascenderte cuando te vean capaz de posicionar a la empresa de cara al futuro.

Adaptado de «How to Demonstrate Your Strategic Thinking Skills», de Nina A. Bowman.

22 de marzo

Cómo actuar ante el racismo en el entorno laboral

Aunque parezca un tema peliagudo, el racismo en el entorno laboral puede abordarse de manera bastante eficaz con la información, los incentivos y la inversión adecuados. Un primer paso en este sentido supone incrementar la empatía del personal instruyéndoles acerca de los efectos del racismo. Fomenta la concienciación y la comprensión mediante sesiones de escucha en un entorno de seguridad psicológica; invítales a compartir sus experiencias, si se sienten bien haciéndolo. Ofrece sesiones de aprendizaje que presenten evidencia histórica y científica sobre la persistencia del racismo, ya que hay quienes podrían pensar que tu empresa no tiene un problema en este sentido. La empatía es clave para avanzar hacia la equidad racial, porque una vez que la gente se hace consciente del problema la siguiente pregunta es si le importa lo suficiente como para actuar al respecto.

Adaptado de «How to Promote Racial Equity in the Workplace», de Robert Livingston.

23 de marzo

La humildad evita que el poder corrompa

Cuanto más poder tienes, más necesitas echar mano de la humildad, ya que esta puede frenar los efectos corruptores de aquel. Para cultivarla, puedes hacer varias cosas. Primero, intenta que decir «no lo sé» sea aceptable e incluso deseable. Reconocer que no tienes todas las respuestas genera confianza y credibilidad, y abre la puerta a que los miembros de tu equipo aporten su experiencia. Segundo, establece formas de recibir opiniones sinceras de tus trabajadores. Ya sea a través de reuniones grupales, foros o conversaciones personales, necesitas mecanismos sólidos para conocer la visión real de la plantilla. El poder puede aislarte de las personas a quienes lideras; no permitas que eso ocurra.

Adaptado de «Don't Let Power Corrupt You»,
de Julie Battilana y Tiziana Casciaro.

24 de marzo

Qué significa crear una ventaja competitiva

«Mantener las ventajas que posees no es lo mismo que crear otras nuevas. La esencia de la estrategia consiste en generar las ventajas competitivas del mañana más rápido de lo que la competencia pueda imitar las que ya posees hoy. La capacidad de una empresa para mejorar sus habilidades y adquirir otras es, de hecho, la ventaja competitiva más sólida y defendible. Para lograrlo, debes darle la vuelta al tablero y desmontar los puntos de vista conservadores. Por ejemplo, puedes crear enfoques innovadores para entrar en el mercado, buscar nuevas ventajas y competir de forma estratégica. Para los competidores inteligentes el objetivo no es la imitación, sino la innovación competitiva, es decir, el arte de gestionar los riesgos competitivos de manera controlada».

Adaptado de «Strategic Intent»,
de Gary Hamel y C. K. Prahalad.

25 de marzo

Cómo fomentar el desarrollo de las mujeres

Replantea tu cantera de candidatos

Como líder, sabes que las mujeres siguen estando dramáticamente infrarrepresentadas en puestos de poder: solo unas cuantas empresas de la lista *Fortune 500* están dirigidas por una mujer, y aún menos por mujeres racializadas. Una forma de reducir los obstáculos que frenan su desarrollo es replantear tu cantera de candidatos.Para empezar, no te limites a los contactos que tenga el personal directivo ni a preguntar: «¿A quién conocemos que tenga talento?», porque este enfoque suele favorecer a los hombres. Amplía tus técnicas de captación de talento habituales para identificar a posibles candidaturas que podrías haber pasado por alto. Y, al redactar descripciones de puestos, evita términos típicamente masculinos, como «rasgos competitivos» o «carácter agresivo». Evita, asimismo, los superlativos; por ejemplo, pon «habilidades de codificación», en lugar de «excelentes habilidades de codificación», ya que usar términos de este tipo puede desanimar a las mujeres a presentarse.

Adaptado de «How to Close the Gender Gap»,
de Colleen Ammerman y Boris Groysberg.

Preguntas para uno mismo

¿Cómo aprovecho mi tiempo?

A lo largo de tu carrera profesional, plantearte con cierta frecuencia algunas preguntas puede ser de gran ayuda para no perder el rumbo hacia tus metas u objetivos. Una de estas preguntas es: ¿cómo estás aprovechando tu tiempo? Si tus actividades cotidianas no coinciden con tus prioridades, eso supone un problema. Además, también afectará a tu equipo, porque la gente tiende a tomar como referencia tu manera de gestionar el tiempo.

¿Qué tareas cotidianas requieren de verdad de tu atención? ¿Cuáles podrías delegar para liberar tiempo y centrarte en trabajos de mayor envergadura?

Adaptado de «What to Ask the Person in the Mirror», de Robert Steven Kaplan.

Concéntrate en lo importante, no en lo urgente

Aprende a organizar tu agenda

Tu lista de tareas incluye tanto asuntos importantes como urgentes. Es fácil centrarse primero en los más urgentes, pero a veces son los proyectos importantes los que necesitan, más bien, tu atención. Para priorizar lo que más importa, intenta programarlo con antelación. Hay varias formas de hacerlo: reservar un bloque de tiempo cada día o incluso un día completo para abordar el trabajo estratégico, o cerrar el correo electrónico durante un rato. Lo esencial es decidir de antemano cuándo vas a abordar la tarea y proteger ese periodo de tiempo como si fuera una reunión importante que no puedes perderte. Y no dejes que demandas inesperadas te interrumpan; al fin y al cabo, siempre surgirán imprevistos.

Adaptado de «How to Focus on What's Important, Not Just What's Urgent», de Alice Boyes.

Muestra tu lado personal... sin excederte

En general, es positivo que tus trabajadores sientan una conexión personal contigo, pero compartir demasiados pensamientos o emociones puede minar tu autoridad. Evalúa cada comentario personal que hagas preguntándote cómo te sentirías si tu jefe te lo hiciera a ti. Por ejemplo, comentar a tu equipo que estás de mal humor porque tienes un mal día puede estar bien; decirles que lo estás porque has tenido una pelea tremenda con tu pareja esta mañana probablemente no sea lo más adecuado. Si a ti no te importa escuchar ciertos comentarios, lo más probable es que tu equipo tampoco se moleste con ellos. De lo contrario, es mejor pecar de cautela.

Adaptado de «How Leaders Can Open Up to Their Teams Without Oversharing», de Liz Fosslien y Mollie West Duffy.

29 de marzo

Para ampliar tu punto de vista, ponte en el lugar de un CEO

Es fácil perder de vista la forma en que tu trabajo encaja en el global de la empresa. Mantén presente esa visión general poniéndote en el lugar del CEO por un día. Imagina que ocupas el cargo más alto y analiza tus reuniones, proyectos y correos electrónicos desde esa perspectiva. Los CEO a menudo deben equilibrar necesidades y roles conflictivos para tomar decisiones. Así pues, ¿cómo respondería o actuaría un CEO en tu situación? ¿Qué valor encontraría esa persona en tus tareas y actividades? Y, lo más importante, ¿cómo puede llevarte esa perspectiva a modificar algo de tu forma de trabajar?

Adaptado de «What Startup Employees Can Teach the Rest of Us About Work», de Anand Chopra-McGowan.

No eres tan brillante como crees

Como líder, quizá tiendes a pensar que se te da bien hacer de coach. Sin embargo, hay líderes que sobreestiman demasiado sus propias habilidades. ¿Y qué hay de malo en ello? Pues que, en el fondo, ya han tomado un rumbo, antes incluso de que su gente tenga la oportunidad de expresarse. El primer paso para cambiar esta conducta supone escuchar a los miembros del equipo, plantearles preguntas y evitar juicios anticipados. Intenta extraer sabiduría, ideas y creatividad de tu equipo, para así ayudarles a resolver problemas por su cuenta. Este enfoque puede suponer un reto si estás acostumbrado a decirle a los demás qué tiene que hacer, pero resulta mucho más estimulante y, sobre todo, más eficaz para la persona que recibe la orientación.

Adaptado de «The Leader as Coach»,
de Herminia Ibarra y Anne Scoular.

¿Es correcta tu perspectiva sobre la clientela?

«Es fundamental que los empresarios comprendan que una empresa es un proceso de satisfacción del cliente, no un proceso de producción de bienes. Una empresa comienza con el cliente y sus necesidades, no con una patente, una materia prima o una habilidad para las ventas. A partir de las necesidades del cliente, la empresa se desarrolla hacia atrás. En primer lugar, se ocupa de la *entrega* física de aquello que satisface al cliente; luego retrocede hasta la creación de los elementos que permiten lograr, en parte, esa satisfacción. La forma en que se produzcan tales elementos es indiferente para los clientes, por lo que el modelo de fabricación, procesamiento, etc. no puede considerarse un aspecto vital de la empresa. Por último, la organización retrocede aún más hasta encontrar las materias primas necesarias para elaborar sus productos».

Adaptado de «Marketing Myopia»,
de Theodore Levitt.

¿Deberías dejar de darle vueltas a un asunto y tomar una decisión?

Esperar demasiado para decidir puede frenar a tu empresa y hacerte perder oportunidades. Pero ¿cuándo sabes que necesitas más datos o más tiempo de reflexión? Y ¿cuándo deberías limitarte a elegir una opción? Piensa en dos factores:

- **Importancia.** Si se trata de algo poco significativo, quédate con una opción y sigue adelante. Si es una decisión importante, con grandes consecuencias o a largo plazo, tómate un momento para reflexionar o recopilar más información antes de decidir.
- **Frecuencia.** Si el asunto aparece con frecuencia, elaborar un protocolo puede ayudarte, aunque requiera una inversión de tiempo inicial. Si es algo poco común, puede ser más útil escuchar distintas perspectivas antes de elegir.

Independientemente de lo que decidas, reflexiona después para aprender qué funcionó y qué debe mejorar la próxima vez.

Adaptado de «When to Stop Deliberating and Just Make a Decision», de Thomas H. Davenport.

2 de abril

Reformula el arrepentimiento por los rumbos que no tomaste

A veces, tras años o incluso décadas de carrera, quizá te arrepientas por algunos caminos que no seguiste. Aunque te encante tu trabajo en finanzas, esas carreras profesionales que dejaste de lado (como la moda o la literatura, por ejemplo) pueden ocupar más espacio en tu mente del que querrías. Una forma de gestionar ese sentimiento es reformularlo. El arrepentimiento no significa necesariamente que algo esté mal; siempre lamentarás los futuros no explorados independientemente de lo que hayas elegido en un momento dado. La única manera de evitarlo sería que solo te importara una única cosa en la vida. Así que recuérdate que esta sensación de «me lo he perdido» es, en realidad, la consecuencia inevitable de algo bueno: tu capacidad para encontrar valor en muchos caminos posibles de la vida.

Adaptado de «Facing Your Mid-Career Crisis», de Kieran Setiya.

El liderazgo intercultural exige matices

Cuando las pautas para dirigir equipos internacionales se basan en clichés o estereotipos —como que la gente de Japón es muy jerárquica, o que los franceses prefieren la comunicación sutil—, lo único que obtienes son conclusiones simplistas y equivocadas. Para liderar con eficacia en diferentes culturas necesitas comprender de forma matizada a las personas con las que trabajas. Presta atención a tus reacciones automáticas, revisa tu estilo de liderazgo y ajústalo cuando haga falta. Pedir consejo a colegas locales puede ayudarte a entender qué esperan tus colaboradores en aspectos como dar y recibir feedback, tomar decisiones o ganarte la confianza de alguien. Practicar distintos estilos de liderazgo te permitirá motivar y estimular a tu equipo, estés donde estés y trabajes con quien trabajes.

Adaptado de «Navigating the Cultural Minefield», de Erin Meyer.

Cómo hacer grandes preguntas

Que muestren con humildad tu experiencia

Una buena pregunta puede ayudarte a entender mejor una tarea, descubrir oportunidades ocultas, obtener mejores resultados y anticipar riesgos que no habías previsto. Y la señal de que una pregunta es buena es que demuestra tu experiencia *sin* que parezca que estás haciendo alarde de ello. Tu objetivo es dejar claro lo que aportas, pero de forma breve y honesta. Por ejemplo, no digas: «He estudiado Marketing en Harvard y he colaborado con empresas de la lista *Fortune 500* para modernizar sus canales de marketing. ¿Qué necesitas?». En su lugar, puedes decir: «Me encantaría poder utilizar mi experiencia en marketing con las empresas *Fortune 500* para apoyar tu crecimiento. ¿Qué áreas desea ampliar el departamento de marketing de tu empresa?».

Adaptado de «The Art of Asking Great Questions», de Tijs Besieux.

Pon por escrito las reglas tácitas de tu equipo

En todos los entornos laborales existen reglas no escritas: normas culturales y emocionales que marcan lo que se considera aceptable. Pero ¿todo el mundo las conoce? Para asegurarte de que es así, aclara las posibles dudas por escrito. Puedes hacerlo con tu equipo elaborando una lista. Por ejemplo: «está bien decir que no entiendes un proceso», «está bien apagar la cámara en una reunión virtual» o «está bien salir a dar un breve paseo a mitad de la jornada».

Documentar estas normas resulta útil para quienes se acaban de incorporar, para quienes ya llevan tiempo en el equipo y para quienes llegarán en el futuro. Además, te permite reforzar la cultura de tu equipo cuando las circunstancias cambian.

Adaptado de «Write Down Your Team's Unwritten Rules», de Liz Fosslien y Mollie West Duffy.

Cómo liderar a personas que tienen más conocimientos que tú

Por muy sólida que sea tu experiencia, llegará un momento en que asciendas a un nivel donde los miembros de tu equipo sepan más que tú sobre ciertas áreas del negocio. No intentes dominar un tema nuevo de la noche a la mañana: la experiencia se va construyendo poco a poco y a largo plazo. En cambio, puedes darle una vuelta a tu mentalidad: en lugar de ser quien ofrece soluciones, ahora eres la persona que motiva a un equipo de especialistas. Adopta una visión global del problema, haz preguntas sobre qué son hechos y qué suposiciones, y asegúrate de que tu equipo aborda de manera correcta el asunto. Tu papel sigue siendo esencial incluso si no eres la persona más experta del grupo. Sé el líder que tu equipo de expertos necesita.

Adaptado de «Leading People When They Know More Than You Do», de Wanda T. Wallace y David Creelman.

Cómo sobrevivir cuando no has descansado bien

Sabes que dormir bien es esencial para tu salud y rendimiento. Pero ¿qué ocurre cuando no consigues descansar lo suficiente? Hay ciertas maneras de mantener tu nivel de productividad cuando has dormido mal. Por ejemplo, ese día céntrate en tareas rutinarias que no requieran creatividad, porque estas implican más esfuerzo mental. Intenta evitar el trabajo más complejo, ya que la falta de sueño incrementa la propensión a cometer errores. Y busca apoyo en otras personas. Por ejemplo, pídele a un colega que revise tu documento en busca de fallos y ofrécete a devolverle el favor más adelante. Y, si puedes, echa una cabezadita; apenas veinte minutos pueden devolverte parte de la energía y ayudarte a ser más eficaz.

Adaptado de «Sleep Well, Lead Better»,
de Christopher M. Barnes.

8 de abril

La ansiedad puede mejorar tu liderazgo

La ansiedad es capaz de agotar tu energía y llevarte a tomar malas decisiones, pero también puede ayudarte a reaccionar rápido ante una amenaza y a sentir mayor comodidad con aquello que no dominas. Para empezar a canalizarla bien, fíjate en cuándo aparece y cómo te sientes. Observa tus reacciones físicas (como un nudo en el estómago) y las emocionales (como una sensación de desbordamiento). Llevar un diario puede ayudarte a tomar conciencia de estas reacciones con el tiempo. Una vez que reconozcas cómo se manifiesta tu ansiedad, puedes detectar cuándo está apareciendo y usar esa señal para detenerte, calmarte y evitar que tome el control.

Adaptado de «Leading Through Anxiety»,
de Morra Aarons-Mele.

9 de abril

Ajusta las expectativas sobre tu jefe

Un error común, sobre todo al inicio de tu carrera, es pensar que tu jefe sabe, como por arte de magia, qué información o ayuda necesitas sin que tú se lo comuniques. Aunque hay jefes bastante proactivos y atentos como para cumplir esa expectativa, lo cierto es que para la mayoría de los líderes no es realista. Por eso, es mucho más razonable recordar que tu jefe también es un ser humano: no es capaz de leerte la mente y tiene muchas cosas en su agenda. Por tanto, asume la responsabilidad de tu propia carrera y tu desarrollo profesional. Si necesitas cierta información o recursos para hacer bien tu trabajo, no esperes a que tu jefe te los proporcione: habla con él o ella sobre cómo puede ayudarte.

Adaptado de «Managing Your Boss»,
de John J. Gabarro y John P. Kotter.

Pon a prueba tu nueva idea

Las ideas novedosas resultan emocionantes. Si has pensado en un producto nuevo, la mejora de un proceso u otra estrategia empresarial, quizá te sientas con la preparación suficiente para lanzarte a poner en práctica esa idea de inmediato. Pero nadie es capaz de anticipar todos los problemas, amenazas u oportunidades que pueden surgir. Tómate un tiempo para conocer el punto de vista de tus colegas, sobre todo de quienes pertenecen a otros departamentos o cuentan con experiencias distintas. Para ello, plantéales seis preguntas:

1. ¿Qué te llama la atención de esta idea?
2. ¿Qué hace falta?
3. ¿Qué dirían nuestros críticos?
4. ¿Qué ocurrirá si no sale bien?
5. ¿Qué diría el personal de atención al cliente sobre nuestra idea?
6. ¿Qué fallos de la idea podrían beneficiar a nuestra competencia?

Usa las respuestas para perfeccionar y mejorar tu idea.

Adaptado de «Think You Have a Great Idea? Ask These 6 Questions to Gain Perspective», de Sabina Nawaz.

11 de abril

Estar al mando no implica tenerlo todo bajo control

El personal directivo recién llegado suele fracasar, al menos al principio, por sus ideas erróneas sobre lo que significa ser jefe. Una de esas creencias consiste en pensar que dirigir un equipo teniendo a todos sus miembros bajo un control estricto es la mejor forma de ejercer el liderazgo. Pero nadie quiere trabajar para un jefe controlador. En realidad, actuar así puede volverse en tu contra y reducir tu capacidad de obrar. En vez de eso, lidera a través de la influencia: fija estándares altos, sí, pero permite a tu equipo tomar la iniciativa, asumir riesgos calculados y trabajar del modo que mejor se adapte a su forma de rendir. Compartir el poder no te resta autoridad; al contrario, así podrás ejercer mayor influencia, porque tu gente verá que tienes un verdadero compromiso con su éxito.

Adaptado de «Becoming the Boss»,
de Linda A. Hill.

Los sesgos invisibles que frenan a las mujeres

«El sesgo de género no requiere una intención de excluir, ni produce necesariamente un daño directo e inmediato a alguien. Simplemente, crea un contexto —«algo que está en el ambiente»— en el que las mujeres no pueden prosperar ni alcanzar todo su potencial. La escasa relación con los colegas masculinos, las recomendaciones de asumir funciones de apoyo para compatibilizar mejor el trabajo con la vida familiar, o la exclusión (muchas veces silenciosa) de los procesos de selección para puestos estratégicos son ejemplos de estructuras y prácticas laborales que, aún hoy, sitúan a las mujeres en condiciones de desventaja. Sin una comprensión adecuada del sesgo de segunda generación, la gente recurre a ciertos estereotipos para explicar por qué las mujeres no logran la paridad con los hombres: si no llegan a la cima es porque «no quieren», porque «son demasiado sensibles» o porque «tiran la toalla demasiado pronto».

Adaptado de «Women Rising: The Unseen Barriers», de Herminia Ibarra, Robin J. Ely y Deborah M. Kolb.

¿Cuál es tu estilo de liderazgo?

Afiliativo

Tu estilo de liderazgo es determinante para la empresa. Un tipo de liderazgo que genera efectos positivos en el ambiente laboral y en los resultados es el estilo afiliativo. Los líderes afiliativos se esfuerzan por elevar la moral, mejorar la comunicación y restablecer la confianza cuando se ha visto afectada. Se enfocan en forjar vínculos emocionales y ofrecer un feedback positivo constante. Como resultado, se fomentan la lealtad, la disposición a asumir riesgos y el sentido de pertenencia. Sin embargo, abusar de los halagos puede hacer que el bajo rendimiento pase desapercibido y que los trabajadores no sepan cómo mejorar; por eso también es fundamental proporcionar directrices y estándares definidos. Reflexiona sobre qué estilo requiere cada situación y plantéate si tu enfoque actual funciona bien o necesita algún ajuste.

Adaptado de «Leadership That Gets Results»,
de Daniel Goleman.

Genera la red interna que necesitas

Según las encuestas de Gartner, casi el 50 % de quienes obtienen un ascenso rinden por debajo de lo esperado durante unos dieciocho meses. ¿Por qué? Porque no cuentan con redes internas que les ayuden a tener éxito. Si deseas prepararte para un rol de liderazgo, construye de forma proactiva una red amplia y mutuamente beneficiosa. Aquí te explico cómo puedes hacerlo:

- Descubre quiénes forman parte del «organigrama informal»: son esos líderes bien conectados que influyen en la opinión general y facilitan que el trabajo se lleve a cabo.
- Conoce los intereses y prioridades de esos líderes, y demuestra tu disposición a ayudarles a alcanzarlos.
- Identifica en qué áreas aportas valor y en cuáles no y busca colaboradores que puedan cubrir esas lagunas.
- Dedica tiempo a colegas que tengan buenas conexiones. Cuanta más gente conozcas, más ideas y recursos tendrás a tu alcance.

Adaptado de «How to Succeed Quickly in a New Role», de Rob Cross, Greg Pryor y David Sylvester.

Los buenos mentores crean un equipo de asesores

Dado que tu tiempo es limitado, y tu conocimiento y experiencia no son lo único necesario para prosperar, lo mejor es formar un equipo de asesores para las personas que tienes a tu cargo. Piensa en las áreas que quieren desarrollar, así como en quiénes pueden aportar su experiencia en este sentido. Luego pregunta a los colegas pertinentes si están dispuestos a echarte una mano. Tú seguirás siendo la fuente principal de apoyo moral, profesional e institucional para tu equipo, pero ese enfoque grupal garantiza que tu gente pueda recibir una amplia variedad de ayuda cuando lo necesite. Además, a tus colegas puede resultarles gratificante contribuir al crecimiento de alguien con un nivel de compromiso menor.

Adaptado de «6 Things Every Mentor Should Do»,
de Vineet Chopra y Sanjay Saint.

Preguntas básicas frecuentes

¿Puedes repetirlo?

Cada vez que planteas buenas preguntas logras inspirar curiosidad, creatividad y un pensamiento más profundo en ti y en tu equipo. Una bastante útil en este sentido es: «¿Puedes repetirlo?»; hacerla puede evitar que alguien (sobre todo tú) saque conclusiones precipitadas o escuche solo para formarse una opinión rápida. Cuando algo no suene del todo bien o parezca una solución demasiado fácil, invita a tus colegas o subordinados a tomarse un momento y reflexionar. Preguntar «¿puedes repetirlo?» es un ejercicio de comprensión fundamental para tomar decisiones informadas. Al plantear la pregunta das la oportunidad a la otra persona de explicar mejor sus razonamientos o de revisar detalles que hayan pasado por alto.

Adaptado de «5 Questions Leaders Should Be Asking All the Time», de James E. Ryan.

¿Tienes demasiadas ocupaciones?

Compra tiempo

¿Sientes que no te alcanzan las horas del día? Según investigaciones de la Harvard Business School, «comprar tiempo» (es decir, invertir en servicios que te ayuden a liberar tu agenda) mejora tu bienestar, reduce el estrés y favorece tu salud. Puedes, por ejemplo, externalizar tareas que te resulten pesadas: pagar para que te traigan la compra a domicilio o para que te limpien la casa. Otra solución es dedicar menos energía a comparar precios: el tiempo que pasas buscando una oferta un poco mejor (para un vuelo o una habitación de hotel, por ejemplo) quizá vale más que lo que te ahorrarías. Al fin y al cabo, podrás volver a ganar dinero en el futuro; el tiempo que pierdes, en cambio, nunca vuelve.

Adaptado de «Time for Happiness»,
de Ashley Whillans.

18 de abril

La transición hacia el liderazgo directivo

Conviértete en una persona integradora

Cuando pasas de liderar un departamento a tomar las riendas de un proyecto o empresa, debes afrontar una serie bastante compleja de cambios en tu enfoque y tus habilidades de liderazgo; uno de los más importantes es convertirte en un individuo integrador. Como responsable de departamento, tu tarea consistía en gestionar a personas que se centraban, con gran profundidad analítica, en actividades concretas del negocio. Ahora, en cambio, tu papel es integrar el conocimiento de los distintos equipos para dar respuesta a los problemas de la empresa en su conjunto. Para lograrlo necesitas comprender cuestiones que compiten entre sí, saber establecer prioridades y tomar decisiones, y ser capaz de explicar con claridad el porqué de esas elecciones.

Adaptado de «How Managers Become Leaders», de Michael D. Watkins.

19 de abril

¿Qué hace la gente con éxito?

Toma nota de tus progresos y practica un optimismo realista

¿Por qué algunas veces tienes éxito y otras no? Incluso las personas más brillantes y exitosas suelen tener dificultades para entender por qué triunfan o fracasan. Sin embargo, según décadas de investigación sobre cómo se alcanzan las metas, quienes tienen éxito llevan a cabo ciertas acciones de manera distinta. Una de ellas es supervisar de forma constante el progreso hacia sus objetivos. Si no sabes dónde estás, no podrás ajustar el rumbo. Por eso conviene que revises tus avances con frecuencia: cada semana o incluso a diario. No sobreestimes lo que ya has conseguido ni subestimes el esfuerzo que exigirá alcanzar tu meta. Pensar en positivo está bien, pero las personas de éxito practican un optimismo realista; planifican el tiempo, el esfuerzo y la constancia que necesitarán para lograr sus objetivos.

Adaptado de «Nine Things Successful People Do Differently», de Heidi Grant.

20 de abril

Convierte la creatividad en una rutina

La creatividad no debería depender de un chispazo de inspiración. En realidad, puedes generar las condiciones para que surja de forma habitual. Aquí tienes algunas estrategias:

- Dedica cierto tiempo al problema que intentas resolver y luego olvídate de él por un periodo. Ofrece tiempo y espacio a tu cerebro para que haga conexiones y explore los posibles caminos a tomar.
- Amplía tus intereses. Haz caso a tu curiosidad. Lee un artículo sobre algún tema que te llame la atención. Asiste a un seminario web sobre algo que, en principio, no tenga relación con tu trabajo, pero despierte tu interés. Nunca sabes qué conexiones pueden surgir cuando cuentas con un banco de ideas amplio y variado.
- Cuando llegue la inspiración, detente y ponte manos a la obra. Y no dejes pasar esos momentos sin plasmar tus ideas por escrito.

Adaptado de «How to Be Creative on Demand», de Joseph Grenny.

Cómo evitar las dimisiones

No malgastes los recursos

Perder a un miembro del equipo afecta a la moral y la productividad, y reemplazar a quienes se marchan es, además, caro. Uno de los errores que puede provocar que alguien se vaya de la empresa es malgastar los recursos. Si el personal no cuenta con lo necesario para tener éxito, estará abocado al fracaso. Y el tiempo es uno de los recursos que más se desperdician, sobre todo en reuniones interminables. Ayuda a tu equipo a priorizar el trabajo de mayor importancia, y apóyalo para que reserve tiempo suficiente para sacarlo adelante. Antes de asignar más tareas a alguien o de convocarle a otra reunión, detente un momento y pregúntate si esa persona es la única que puede encargarse de ello. Si no lo es, busca a otra.

Adaptado de «8 Things Leaders Do That Make Employees Quit», de Jon Christiansen.

22 de abril

No te conviertas en víctima de tu propio éxito

Aprende a decir «no lo sé»

Si quieres seguir rindiendo al máximo, debes superar los escollos que surgen con el éxito. Uno de ellos es pensar que lo sabes todo. A medida que asciendes en una empresa, resulta más sencillo pensar que sabes todo lo que necesitas para triunfar. Por eso cada vez es más complicado pronunciar una frase esencial, pero que muchos líderes temen: «No lo sé». Sin embargo, mientras no admitas que no tienes todas las respuestas es muy difícil que seas capaz de gestionar los complejos problemas con los que los líderes suelen encontrarse.

¿Te resulta difícil decir «no lo sé»?

Adaptado de «Want to Change the World? Don't Let Your Own Success Get in the Way», de Rosabeth Moss Kanter.

23 de abril

Promueve el lenguaje inclusivo en tu empresa

El lenguaje empresarial está lleno de términos que excluyen sin que seamos conscientes de ello. Si quieres construir una cultura corporativa que sea de verdad inclusiva, observa cómo se comunica la gente. Por ejemplo, asegúrate de que las descripciones de puestos no incluyan palabras como *hacker*, que pueden disuadir a personas racializadas, mujeres, personas con discapacidad o candidatos de más edad. Alternativas como «programador» o «ingeniero de software» resultan más neutras y claras. Puede ser útil crear una guía corporativa de lenguaje inclusivo, con consejos y herramientas prácticas y accesibles, así como abierta a las aportaciones de toda la empresa.

Adaptado de «How to Make Your Organization's Language More Inclusive», de Odessa S. Hamilton, Lindsay Kohler, Elle Bradley Cox y Grace Lordan.

¿Cómo afecta la autenticidad a tu forma de liderar?

Como líder, pones en práctica tus valores y te mantienes fiel a tus principios. Esa coherencia te ayuda a forjar relaciones sólidas e inspirar a tu equipo. No existe una única forma de ser auténtico, pero sí hay ciertas preguntas que pueden ayudarte a reflexionar sobre lo que significa para ti. ¿De dónde proceden tus valores más profundos? ¿Qué personas y experiencias de tu etapa inicial tuvieron mayor influencia en ti? ¿Cuál es tu yo verdadero, tanto en el trabajo como fuera de él? ¿Qué te motiva, tanto de forma extrínseca como intrínseca? ¿Quienes forman parte de tu red de apoyo y cómo te ayudan esas personas a centrarte en lo que de verdad importa?

Adaptado de «Discovering Your Authentic Leadership», de Bill George, Peter Sims, Andrew N. McLean y Diana Mayer.

25 de abril

El motor del cambio: el *storytelling*

Honrar el pasado

Si tu empresa necesita plantearse un gran cambio, la técnica del *storytelling*, el arte de contar historias para transmitir mensajes, puede ayudarte no solo a explicar por qué es necesaria esa transformación, sino también a mostrar cómo será el futuro de forma concreta y sugerente. Un buen trabajo de *storytelling* cumple cuatro funciones, y una de ellas es honrar el pasado. Para lograr que otras personas apoyen tus ideas, es fundamental demostrar que quieres preservar lo mejor de la empresa. Además, debes manejar la historia de la compañía con una mezcla de optimismo y honestidad, lo que implica reconocer también el coste humano de los errores pasados. Mostrar que sabes qué hay que cambiar y qué merece mantenerse tal cual está te ayudará a generar adhesión y confianza.

Adaptado de «Storytelling That Drives Bold Change», de Frances X. Frei y Anne Morriss.

26 de abril

Conoce tu impacto emocional

Como líder, tu estado de ánimo influye enormemente en el rendimiento de los demás. Sin embargo, muchas veces los líderes no son conscientes de cómo se perciben sus emociones y comportamientos. ¿Por qué ocurre esto? Porque la gente no suele contarte toda la verdad sobre tu impacto emocional. Tal vez teman ser portadores de malas noticias, piensen que no les corresponde corregirte o ni siquiera sean del todo conscientes de que lo que en realidad les afecta es tu estilo emocional. Sea cual sea el motivo, no puedes confiar en que nadie te ofrezca, de manera espontánea, una visión completa al respecto.

Entonces, ¿cómo puedes asegurarte de recibir el feedback que necesitas sobre tu impacto emocional?

Adaptado de «Primal Leadership: The Hidden Driver of Great Performance», de Daniel Goleman, Richard E. Boyatzis y Annie McKee.

27 de abril

La importancia del ambiente laboral

Replantea los hábitos de comunicación

Si tu equipo está bloqueado o desmotivado, puede ser que la gente haya perdido de vista su propósito y sus objetivos. Ya sea por factores externos, internos o ambos, a veces es necesario renovar los hábitos de comunicación del equipo. Debatir en grupo algunas preguntas puede ser de gran ayuda:

1. ¿Qué canales podríamos utilizar de forma más eficaz?
2. ¿Qué información debe compartirse de forma síncrona y cuál puede ser asíncrona?
3. ¿Cómo podemos reducir las distracciones para concentrarnos mejor?

Utiliza las respuestas para mejorar la comunicación de tu equipo, tanto en las reuniones como en el correo electrónico y los mensajes de texto. También conviene revisar las normas asociadas a estos canales, como los tiempos de respuesta de los correos o la frecuencia con la que se consultan los mensajes de texto.

Adaptado de «20 Questions to Ask When Your Team's Vibe Is Off», de Liane Davey.

28 de abril

El liderazgo en tiempos de incertidumbre

Practica una transparencia empática

Cuando el mundo se vuelve incierto y caótico, es difícil saber qué sucederá incluso en un futuro inmediato. ¿Cómo puedes tranquilizar a tu equipo y ayudar a que sus miembros se mantengan centrados? Una forma de liderar mejor en estas circunstancias es practicar una transparencia empática. Esto implica honestidad sobre lo que piensas y sientes, sobre todo cuando tengas que tomar decisiones impopulares pero necesarias. No ocultes información relevante por temor a cómo será recibida. Explica qué está ocurriendo y cuál es la situación de cada persona, y hazlo con claridad y sensibilidad. Actuar con franqueza ante tu equipo demuestra que te importa de verdad.

Adaptado de «3 Strategies for Leading Through Difficult Times», de Rasmus Hougaard, Jacqueline Carter y Rob Stembridge.

Los grandes líderes ofrecen opiniones discordantes

«Ser líder también significa estar dispuesto a expresar tu opinión, incluso cuando sea impopular. Las propuestas de los CEO suelen generar asentimientos con la cabeza incluso en personas que en secreto albergan serias dudas al respecto. Pero, en realidad, la mayoría de los líderes desea escuchar opiniones discordantes para poder tomar mejores decisiones. Quienes tienen contacto con los que ejercen posiciones de liderazgo deben elegir el tono y el momento adecuados para expresar su desacuerdo, pero también han de ser conscientes de que pueden quedarse en tierra de nadie si van a lo seguro cuando deberían manifestar sus opiniones con suficiente convicción».

Adaptado de «Reaching Your Potential»,
de Robert Steven Kaplan.

Deja que tu equipo gestione los problemas

Para crecer y desarrollar todo su potencial, tus trabajadores deben asumir tareas para las que aún no cuenten con la suficiente preparación; a veces es imprescindible que se enfrenten a ciertos retos. Y cuando veas que esto sucede puede que sientas la tentación de intervenir y echar una mano. Pero no: intenta, junto con tu equipo, superar esa incomodidad. Porque una de las claves para involucrar mejor al personal es presentarles retos difíciles y estimulantes. No aprenderán nada si acudes en su ayuda de inmediato. Así que deja que afronten el desafío, y ofrece orientación y apoyo solo cuando sea necesario. Así, ambas partes saldrán ganando.

Adaptado de «To Help Your Team Grow, Give Them Space to Struggle», de Kelli Thompson.

Tu voz de liderazgo

El contexto

Cultivar tu voz de liderazgo requiere desarrollar la capacidad para responder de manera auténtica, constructiva y eficaz, sin importar la situación o la audiencia a la que te enfrentes. Y un aspecto de tu voz es el contexto. Cuando asumes funciones de mayor responsabilidad, tu visión y perspectiva del negocio se amplían, y parte de tu trabajo consiste en hallar formas de comunicar ese contexto más amplio a los demás. Tanto si estás debatiendo la estrategia con tu equipo como si presentas nuevas ideas al personal directivo o explicas los criterios de tus decisiones a tu equipo, no te sumerjas en los detalles sin antes abordar la visión global del tema en cuestión.

¿Cómo empleas tu comprensión del contexto para ayudar a los demás?

Adaptado de «You Don't Just Need One Leadership Voice—You Need Many», de Amy Jen Su.

2 de mayo

Desarrolla habilidades que la IA no pueda copiar

No abandones lo analógico

Las herramientas de IA pueden competir en las tareas básicas de muchas profesiones, como la redacción o el diseño. Por eso es fundamental que te formes en áreas que la IA no pueda imitar. Una forma de hacerlo es abrazar lo analógico y dar prioridad a las interacciones presenciales, que la IA no puede replicar. Esta solo es capaz de conectar información que ya conoce; es decir, no puede generar conocimiento. Tú, en cambio, tienes la capacidad para descubrir nuevas ideas y puntos de vista quedando a comer con colegas o asistiendo a conferencias presenciales. Aprovechar nuevas experiencias o habilidades que llegan a través de vivencias y conexiones personales es una forma de tomar ventaja.

Adaptado de «5 Ways to Future-Proof Your Career in the Age of AI», de Dorie Clark y Tomas Chamorro-Premuzic.

El carácter de los grandes líderes

«Aunque parezca un concepto difuso, el carácter y el liderazgo suelen marcar la diferencia entre un buen rendimiento y un rendimiento excelente. Los grandes líderes tienen la disposición para actuar en beneficio de los demás sin pensar en lo que obtendrán a cambio: son mentores y consejeros; adoptan la «mentalidad de propietario» y se preguntan qué harían si fueran los máximos responsables de cualquier decisión; están dispuestos a hacer recomendaciones beneficiosas para el rendimiento global de la empresa, incluso si eso puede perjudicar a su propio departamento; y tienen el valor de confiar en que, a largo plazo, sus acciones serán recompensadas, aunque a corto plazo no les favorezcan de forma directa».

Adaptado de «Reaching Your Potential»,
de Robert Steven Kaplan.

4 de mayo

Escudarse en el «solo por esta vez» no es buena idea

Muchos desastres, tanto profesionales como personales, son fruto de pronunciar esta frase: «Solo por esta vez...». Esta excusa te permitirá falsear los números, mirar hacia otro lado o recurrir a una mentira. El coste de hacer algo mal una sola vez siempre parece tentadoramente bajo, lo que facilita ignorar hacia dónde conduce ese camino. El antídoto es saber cuáles son tus responsabilidades y marcar tus límites personales sobre lo que está bien y lo que no. Mantenerte fiel a tus principios todo el tiempo es mucho más fácil que renunciar a ellos, aunque solo sea una vez.

Adaptado de «How Will You Measure Your Life?»,
de Clayton M. Christensen.

Tus textos pueden ser más claros

Escribir de forma clara y directa es difícil, sobre todo cuando el tiempo apremia. Para asegurarte de que tu mensaje se entiende, sigue estos tres consejos:

- **Ve al grano.** Empieza con la idea principal, añade detalles que amplíen el contexto y prescinde de cualquier información innecesaria.
- **Utiliza oraciones temáticas que indiquen al lector lo que viene a continuación.** Ve más allá de los detalles y descripciones («Me reuní con el cliente en Berlín»); usa la primera frase para introducir de qué trata el párrafo («Mi reunión con el cliente de Berlín se centró en los planes de crecimiento futuro»).
- **Emplea la voz activa para explicar las acciones de los miembros de tu equipo.** «Juan mejoró las ventas» es más claro que «Se han mejorado las ventas».

Adaptado de «3 Ways to Make Your Writing Clearer», de Jane Rosenzweig.

¿Es tu momento para asumir responsabilidades?

Ser líder va mucho más allá de lograr un ascenso; necesitas detectar tus puntos ciegos y qué te falta por aprender para llenar esos huecos. Plantéate estas seis preguntas:

1. ¿Cuál es mi estilo de liderazgo?
2. ¿Cómo ayudaré a mis trabajadores a desarrollarse?
3. ¿Cómo estableceré prioridades y delegaré las tareas?
4. ¿Cómo ofreceré feedback constructivo?
5. ¿Cómo resolveré los conflictos?
6. ¿Soy un buen comunicador y puedo dirigir reuniones de manera eficaz?

Utiliza las respuestas a estas preguntas para reflexionar sobre tus fortalezas, rasgos, experiencia y conocimientos, así como acerca de tus áreas de mejora.

Adaptado de «Are You Ready to Become a Manager?», de Octavia Goredema.

Los líderes necesitan una intención estratégica

En materia de estrategia, algunas empresas optan por recortar sus ambiciones para que se ajusten a sus recursos. Por eso solo buscan ventajas que puedan sostener en el tiempo. Un enfoque más acertado se basa en acelerar el aprendizaje organizativo y aspirar a objetivos que, a primera vista, parezcan imposibles de cumplir. Para ello, debes fomentar en tu equipo el deseo de triunfar y mantenerlo vivo difundiendo una visión de liderazgo global. También necesitas metas ambiciosas, que obliguen a la empresa a competir de forma innovadora. A esto se lo llama «intención estratégica», y es una de las vías para llevar a tu empresa más lejos que la competencia.

¿Qué intención estratégica puedes aplicar en tu empresa?

Adaptado de «Strategic Intent», de Gary Hamel y C. K. Prahalad.

Identifica las carencias de responsabilidad en tu equipo

Si tu equipo nunca asume responsabilidades, puede deberse a un problema de fondo, como funciones poco claras, recursos limitados o una estrategia deficiente. Empieza por diagnosticar la situación y pregúntate si tú también formas parte del problema. ¿Has expresado con claridad las expectativas, los procesos y los planes de acción? Convoca una reunión para escuchar lo que tengan que decirte y plantear preguntas. Resume con cuidado lo que ha estado ocurriendo (por ejemplo, plazos que no se hayan cumplido) y pide a los miembros de tu equipo que expresen con honestidad qué creen que está pasando. Evita juzgar a nadie o dar feedback negativo en ese momento: respeta cada punto de vista. Una vez que los problemas reales salgan a la luz, comenta con tu equipo cómo puedes echarles una mano para retomar el rumbo, y qué nuevos procesos o estrategias son necesarios para recuperar el ritmo de trabajo.

Adaptado de «Does Your Team Have an Accountability Problem?», de Melissa Raffoni.

Si quieres ser buen líder, elige alguien a quien proteger

Las relaciones de patrocinio no solo benefician a la persona con menos experiencia. Un buen pupilo ampliará tu visión del mundo y te ayudará a cubrir lagunas en tus habilidades y conocimientos, lo que puede a su vez abrirte la puerta a ascensos y proyectos de mayor envergadura. Para cultivar este tipo de relación, busca alguien a quien tomar bajo tu protección; que sea una persona de alto rendimiento en quien puedas confiar. Su reputación acabará vinculándose a la tuya, así que conviene reflexionar sobre en qué medida sus actos pueden repercutir en ti. Esta persona no tiene por qué ser joven, pero sí distinta a ti: quizá en género, origen étnico, trayectoria profesional o experiencia vital. Piensa tanto en los ámbitos en los que te gustaría aprender como en aquellos en los que aportas mayor valor, y recurre a esos criterios para elegir a tu protegido.

Adaptado de «Want to Be a Better Manager? Get a Protégé», de Sylvia Ann Hewlett.

10 de mayo

Mejora tu aprendizaje

Tómate un respiro

Adquirir nuevos conocimientos de forma habitual es una habilidad que nunca quedará obsoleta. Una forma de lograrlo consiste en reconocer con honestidad qué habilidades puedes mejorar. A veces, cuando recibimos feedback negativo, nos ponemos a la defensiva. Es por eso que un comentario del tipo «necesitas mejorar en el desarrollo de tu plantilla» puede provocar una respuesta como «¡mi equipo trabaja bien!». Si te das cuenta de que reaccionas de este modo, tómate un respiro y analiza hasta qué punto ese feedback es acertado, y en qué te basas para saberlo. Reflexionar te ayudará a separar las reacciones impulsivas de los hechos y, a partir de ahí, a decidir cómo puedes avanzar de manera productiva.

Adaptado de «Learning to Learn»,
de Erika Andersen.

Cómo fomentar el desarrollo de las mujeres

Replantea tu proceso de selección de personal

Como líder, sabes que sigue habiendo pocas mujeres en puestos de poder: solo unas cuantas empresas de la lista *Fortune 500* están dirigidas por una mujer, y aún menos por mujeres racializadas. Una forma de reducir estas barreras que entorpecen el ascenso femenino es replantear tu proceso de selección de personal, que fácilmente puede contener sesgos de género. Es demasiado habitual que los responsables de esta selección evalúen de manera distinta a hombres y mujeres, incluso cuando cuentan con la misma cualificación para un puesto. Presta también atención a los sesgos contra las mujeres que son madres, las que están en edad fértil o las mujeres en general. Tener un equipo de selección diverso puede ayudar, igual que centrar el proceso de forma estricta en los criterios del puesto, y recurrir a pruebas a ciegas y currículos anonimizados.

Adaptado de «How to Close the Gender Gap», de Colleen Ammerman y Boris Groysberg.

No bajes la guardia ante el feedback negativo

Cuando recibes un feedback inesperadamente crítico, tu primer impulso puede ser salir corriendo. Sin embargo, hay cuatro pasos que te ayudarán a mantener la calma y responder de forma productiva:

1. **Recupérate.** Respira hondo y presta atención a lo que sientes. Poner nombre a esas emociones («me han herido y avergonzado») puede ayudarte a tomar distancia.
2. **Comprende.** Pide a la otra persona ejemplos concretos del comportamiento que está señalando. Mantén la calma y escucha.
3. **Toma distancia.** Dile que necesitas tiempo para reflexionar. No muestres acuerdo ni desacuerdo en ese momento, date un margen para procesar y evaluar lo que te han dicho.
4. **Actúa.** Reflexiona sobre aquello en lo que estás de acuerdo y lo que no. Si hace falta, vuelve a hablar con esa persona y comparte con ella tus conclusiones.

Adaptado de «How to Be Resilient in the Face of Harsh Criticism», de Joseph Grenny.

Saber perder

Replantea qué significa ganar y perder

Tu objetivo es alcanzar tus metas. Pero nadie tiene éxito de forma permanente. Por eso debes aprender a perder. Una buena forma de hacerlo es reflexionar sobre tus actos. Si disfrutas de tu trabajo y persigues un propósito, te importará menos quién *gana* y quién *pierde*. Plantéatelo así: el trabajo es finito; los proyectos terminan, las empresas desaparecen, las personas se van. Pero la razón por la que inviertes tanto esfuerzo en estas iniciativas (tu *porqué* personal y profesional) es infinita; no se agota. Así que olvida la idea de que las cosas no salieron como querías. Haz el trabajo porque te gusta, porque te importa.

Adaptado de «Good Leaders Lose with Grace»,
de Tim Leberecht.

14 de mayo

La alineación estratégica no es una casualidad

Dar por hecho que todo el mundo comparte tu visión de la estrategia de la empresa es un error peligroso. Si todos los líderes no se alinean con quienes se encargan de poner en práctica la estrategia, es probable que distintos equipos persigan objetivos divergentes e incluso contrapuestos. Esto puede resultar en conflictos internos, reuniones improductivas y serios obstáculos para generar valor.

¿Qué pasos podrías dar para asegurarte de que tu equipo está de verdad alineado con la estrategia?

Adaptado de «Is Your Company as Strategically Aligned as You Think It Is?», de Vikas Mittal, Alessandro Piazza y Ashwin Malshe.

15 de mayo

Preguntas que fomentan la inspiración

Para ser un gran líder, formula preguntas inspiradoras que impulsen a la gente a pensar más allá de lo que ha hecho hasta ahora. Reconoce que no cuentas con todas las respuestas y reúne a tu equipo para encontrarlas de forma conjunta. Por ejemplo, en lugar de preguntar: «¿Cómo podemos mejorar un 10 % los tiempos de respuesta al cliente?», podrías preguntar: «¿Qué necesidades no satisfechas de nuestra clientela podrían ser la base de un nuevo negocio?». Las preguntas amplias y ambiciosas muestran tu interés por hacer crecer la empresa, a la vez que invitan a los trabajadores a unirse a ti para fijar y alcanzar nuevos objetivos. También demuestran que formular preguntas es importante y contribuye a fomentar una cultura de aprendizaje.

Adaptado de «Good Leadership Is About Asking Good Questions», de John Hagel III.

La autorregulación es clave para tu liderazgo

Cuando controlas tus sentimientos e impulsos, generas un entorno justo y de confianza. Por eso la autorregulación es una habilidad fundamental. En ese tipo de ambientes se reducen las luchas de poder, la rotación de personal y los conflictos internos, y se incrementa la productividad. Pero la autorregulación también es importante por razones competitivas: quienes han aprendido a gestionar sus emociones son capaces de adaptarse a los cambios (grandes o pequeños) que se presentan a lo largo de cualquier carrera profesional. Si no te reconoces en estas características, busca maneras de mejorar tu autorregulación. Reflexiona sobre cómo puedes controlar mejor los cambios de humor y los impulsos emocionales cuando surjan, e incluso canalizarlos de forma útil.

Adaptado de «What Makes a Leader?»,
de Daniel Goleman.

17 de mayo

Concéntrate en lo importante, no en lo urgente

Progreso paulatino

Tu lista de tareas incluye tanto asuntos importantes como urgentes. Es fácil centrarse en los más urgentes, pero a veces son los proyectos importantes los que necesitan tu atención. Para priorizar lo más relevante, haz hincapié en el progreso paulatino. Los grandes proyectos suelen estar formados por tareas más pequeñas, así que si fijas objetivos de menor alcance lograrás completar «versiones reducidas» de los mismos. Quizá te parezca buena idea hacerlo todo de una vez, pero suele ser más realista completar la mitad (o un cuarto, o una décima parte) del trabajo ahora mismo. Así que divide el proyecto en bloques más asequibles y esfuérzate en avanzar poco a poco en cada uno.

Adaptado de «How to Focus on What's Important, Not Just What's Urgent», de Alice Boyes.

Aprovecha a tu personal experto

Todas las empresas cuentan con personas que dominan áreas clave o actúan como una especie de «memoria institucional» de la compañía. ¿Cómo puedes asegurarte de que transmitan sus conocimientos al resto de la plantilla? Prueba con el método denominado «conocimiento en cascada», que funciona así: en primer lugar, pide a los especialistas de tu departamento que compartan su experiencia con unas pocas personas, y luego solicita a estas que lo comenten con otras. Esta cascada de conocimiento puede ocurrir de manera directa —mediante procesos de enseñanza formal o mentoría—, o bien en reuniones donde la persona experta presenta un tema o lidera un debate. También hay otras opciones, como que el especialista grabe un podcast o redacte un breve texto explicando un tema. Generar un proceso más formal permitirá preservar la información esencial.

Adaptado de «How Your Organization's Experts Can Share Their Knowledge», de Dorothy Leonard y James Martin.

Los tres tipos básicos de curiosidad

La curiosidad ayuda a fomentar en tu equipo una cultura de compromiso y alto rendimiento. Existen tres tipos de curiosidad que conviene cultivar:

- **Curiosidad por los miembros del equipo.** Las empresas son un conjunto de mentalidades, actitudes y valores de sus trabajadores. Para entender mejor a tu equipo, habla con sus miembros, lanza encuestas o recurre a pequeños grupos de debate para descubrir qué les importa.
- **Curiosidad por ti.** Reflexiona sobre tu propio rol y cómo has evolucionado con el tiempo. Cuanto más comprendas tu trayectoria, mejor podrás adaptarte al futuro de la empresa.
- **Curiosidad por la empresa.** Observa los cambios en la cultura, misión, visión y los valores de la empresa. Tu compañía no es estática, así que tu comprensión de ella tampoco debería serlo.

Adaptado de «Leaders, Make Curiosity the Core of Your Organizational Culture», de John Coleman.

Cómo avanzar después de un cambio

Conecta el pasado con el presente

En ocasiones, un gran cambio —sea personal o profesional— echa por tierra tu identidad. Elaborar una narrativa que enlace con claridad tu historia con tu futuro puede ayudarte a seguir adelante. Reflexiona sobre tus objetivos y prioridades, y acerca de cómo este nuevo camino te permitirá perseguirlos, incluso de formas inesperadas. Por ejemplo, quizá abandonaste un trabajo bien remunerado para cuidar de un familiar mayor. Tu relato podría subrayar que apoyar a la familia es importante para ti; antes contribuías más a través del salario y las prestaciones, y ahora haces más hincapié en el tiempo. Este tipo de narrativa te puede ayudar a reconciliarte con ese proceso que estás atravesando y dejar atrás tu antigua identidad.

Adaptado de «When a Major Life Change Upends Your Sense of Self», de Madeline Toubiana, Trish Ruebottom y Luciana Turchick Hakak.

21 de mayo

Desarrolla tu agilidad de aprendizaje

Experimenta con nuevos enfoques

Según los estudios de Korn Ferry, si te basas en los mismos supuestos y patrones de conducta a los que has recurrido durante años como líder, corres el riesgo de estancarte, rendir por debajo de tu potencial o salirte del rumbo que te has marcado. La solución consiste en desarrollar la agilidad de aprendizaje, es decir, la capacidad para aprender de forma rápida y continua. Una forma de lograrlo es experimentar con tus métodos habituales para resolver problemas. Así, piensa en un reto que estés afrontando ahora mismo y en cómo sueles abordarlo. Luego reflexiona sobre otras posibles soluciones o métodos que podrían funcionar. Intenta contemplar la situación desde un ángulo distinto y deja de asumir que debes manejar las cosas del mismo modo que siempre. Libérate para ganar creatividad; gracias a esa actitud podrías descubrir un enfoque totalmente nuevo.

Adaptado de «4 Ways to Become a Better Learner», de Monique Valcour.

22 de mayo

Las apariencias engañan

«A las mujeres se les enseña a atenuar su feminidad, a suavizar el estilo agresivo o a intentar encontrar un equilibrio perfecto entre ambos. Pero invertir tiempo y energía en gestionar estas apariencias puede resultar contraproducente. Concentrarse en el propósito permite a las mujeres redirigir su atención hacia objetivos compartidos y reflexionar sobre quiénes necesitan ser y qué han de aprender. Así, en lugar de definirse en función de estereotipos de género (rechazando enfoques masculinos por parecer poco auténticos o los típicamente femeninos por miedo a parecer incompetentes), las líderes pueden enfocarse en comportarse de acuerdo con sus propósitos».

Adaptado de «Women Rising: The Unseen Barriers», de Herminia Ibarra, Robin J. Ely y Deborah M. Kolb.

Rompe con los hábitos que limitan tu carrera

Conoce a gente nueva

Todo el mundo tiene algún hábito que frena su carrera, como procrastinar o mirar el móvil cuando debería escuchar a los demás. Pero, según los estudios de *Crucial Learning*, quienes superan esos malos hábitos son capaces de controlar las circunstancias que los alimentan. Una manera de hacerlo es pasar más tiempo con quienes fomenten los comportamientos que necesitas desarrollar. Por ejemplo, si tu deseo es tener una actitud más positiva ante los cambios empresariales, interactúa más con quienes apoyan esos cambios y pasa menos tiempo con quienes se oponen a ellos. Nuestros colegas y amistades influyen en nuestro modo de pensar y sentir, así que aprovecha esa realidad de manera consciente.

Adaptado de «Trick Yourself into Breaking a Bad Habit», de Joseph Grenny.

Aplica las iniciativas de DEI a los sistemas, no a las personas

Las iniciativas de DEI (Diversidad, Equidad e Inclusión) pueden generar rechazo porque a veces se perciben como un juicio sobre las habilidades, la competencia o la bondad innata de la gente. Por eso, conviene presentar estas iniciativas como un cambio en los sistemas, no en las personas. Empieza diagnosticando las situaciones de desigualdad dentro de tu empresa. Para ello, usa una combinación de datos cuantitativos y cualitativos (encuestas, grupos focales, estadísticas de RR. HH.) y datos demográficos del personal para identificar los aspectos desiguales de la experiencia laboral. El objetivo es entender no solo qué desigualdades existen, sino también cómo y por qué surgieron. A continuación, presenta un informe al respecto a la dirección de la empresa, destacando que son los sistemas, políticas y prácticas los que necesitan mejorar, no el personal. Si evitas culpar o avergonzar a individuos o grupos tendrás más posibilidades de éxito.

Adaptado de «To Avoid DEI Backlash, Focus on Changing Systems—Not People», de Lily Zheng.

25 de mayo

Cómo responder a un ultimátum en una negociación

En una negociación, mucha gente recurre a dar un ultimátum para obtener concesiones de la otra parte. ¿Qué hacer si te toca estar al otro lado? Una buena estrategia es adoptar una mentalidad de elección que te ayude a ver que siempre existe más de una opción. Antes de la negociación, elabora una lista con todas las alternativas posibles, tanto para ti como para tu interlocutor. Piensa a lo grande, sin limitaciones. Recurre a esa lista si la negociación se bloquea. Por ejemplo, si estás en pleno proceso de selección y la empresa no cede respecto al salario, puedes redirigir la conversación hacia otros aspectos, como los días de vacaciones o el número de viajes que implicaría ese puesto. Una vez que tienes claras todas las opciones a tu alcance es mucho menos probable que acabes cediendo sin querer.

Adaptado de «How to Respond to "Take It or Leave It"», de Anyi Ma, Yu Yang y Krishna Savani.

26 de mayo

Cuando lideres a tus colegas, escucha antes de actuar

Una vez que te conviertes en jefe, debes adquirir una nueva reputación para que tus antiguos colegas te vean como su líder. Tal vez tengas muchas ideas nuevas que quieres poner en práctica, pero no te apresures; antes que nada, reúnete con el equipo y coméntales tu proyecto para ganarte su confianza. En lugar de hablar, escucha. Tu objetivo es explicar cuál es tu estilo de liderazgo y cómo puedes ayudar a tu nuevo equipo. Una vez cuentes con su apoyo, estarás en mejor posición para implantar tu estrategia y darle un nuevo rumbo a la empresa.

Adaptado de «How to Manage Your Former Peers», de Amy Gallo.

27 de mayo

La importancia del ambiente laboral

Replantea sus dinámicas

Si tu equipo está bloqueado o desmotivado, puede ser que sus miembros hayan perdido de vista su propósito y los objetivos que se habían marcado. Ya sea por factores externos, internos o una combinación de ambos, en algunos casos es necesario partir de cero. Hablarlo en el seno del grupo, partiendo de algunas preguntas clave, puede servir de ayuda:

1. ¿Qué normas o expectativas necesitamos establecer o revisar?
2. ¿Cómo podemos gestionar mejor los conflictos?
3. ¿Qué actividades grupales podrían reforzar la confianza y la franqueza?

Emplea estas preguntas para detectar qué está frenando al equipo y, a partir de ahí, plantear la posibilidad de probar nuevas formas de trabajar. Vuelve a revisarlas cada cierto tiempo: las dinámicas de un equipo suelen cambiar a medida que sus miembros entran y salen, y las circunstancias evolucionan.

Adaptado de «20 Questions to Ask When Your Team's Vibe Is Off», de Liane Davey.

28 de mayo

Consejos para cuando el trabajo te desborda

Para sobrellevar las etapas de mayor intensidad en el trabajo, prueba distintas estrategias y quédate con las que mejor te funcionen. Una opción es premiarte tras terminar una tarea exigente (por ejemplo, redactar un informe) con otra más sencilla (como hacer un recado). Así le das un respiro al cerebro sin abandonar tu productividad. Otra táctica consiste en motivarte poniendo el foco en las tareas más agradables de los proyectos difíciles. Por ejemplo, si no disfrutas especialmente investigando y cotejando datos, date permiso para anticipar el momento de elaborar y presentar una exposición clara y atractiva. Una tercera vía es aprovechar breves ratos para descansar la mente. Sea antes de entrar a una reunión o mientras haces cola en el supermercado, respira hondo, relaja los hombros y desconecta un poco.

Adaptado de «How to Get Through an Extremely Busy Time at Work», de Alice Boyes.

29 de mayo

Es importante que todo el mundo aporte su punto de vista

Una forma de reforzar la seguridad psicológica en el seno de tu equipo es fomentar un entorno en el que todo el mundo pueda expresar sus ideas y preocupaciones. Invita a los miembros del equipo a compartir su opinión. Hay gente a la que le pone nerviosa plantear ideas atrevidas o expresar opiniones contrarias a la de la mayoría, así que no des por hecho que todo el mundo va a decir lo que piensa, ni que siempre tengan claro que quieres escucharlos. Haz preguntas abiertas de forma explícita, como «¿qué piensas en realidad sobre esto?» o «¿estás de acuerdo con este tema?». Demuestra a tu equipo que esperas que cuestionen cualquier supuesto y que señalen los razonamientos defectuosos, incluidos los tuyos.

Adaptado de «What Is Psychological Safety?»,
de Amy Gallo.

¿Tú equipo está preparado?

«Los grandes líderes ponen el acento en una formación continua, sea individual o en grupo, presencial o por internet [...] Los líderes excepcionales a los que analicé eran excelentes docentes: pasaban mucho tiempo con sus equipos, enseñándoles habilidades técnicas, tácticas generales y principios sobre el negocio, y dándoles también lecciones de vida. Su manera de enseñar era informal y natural, nacía de las tareas cotidianas. Y su impacto era inconfundible: sus equipos y empresas se encontraban entre los de mayor rendimiento de sus respectivos sectores».

Adaptado de «The Best Leaders Are Great Teachers»,
de Sydney Finkelstein.

El motor del cambio: el *storytelling*

Describe el rumbo que quieres tomar

Si tu empresa necesita plantearse un gran cambio, la técnica del *storytelling,* el arte de contar historias para transmitir mensajes, puede ayudarte no solo a explicar por qué es necesaria la transformación, sino también a mostrar cómo será el futuro de forma concreta y sugerente. Un buen trabajo de *storytelling* cumple cuatro funciones, y una de ellas es describir el camino a seguir de forma rigurosa y optimista. Entra en detalles: ¿por qué elegiste ese rumbo y no otro? ¿Hasta qué punto confías en él? Los datos aportan rigor, pero empléalos con mesura: unos pocos (muy pocos) puntos clave pueden funcionar como hitos narrativos. Si deseas transmitir optimismo, muestra por qué te ilusiona el plan. El optimismo se contagia, y lo necesitarás para atraer hacia tu visión a los distintos grupos de interés.

Adaptado de «Storytelling That Drives Bold Change», de Frances X. Frei y Anne Morriss.

Encuentra oportunidades cotidianas para orientar a tu equipo

Es posible que tu empresa tenga un programa formal de mentoría, pero eso no siempre basta para implicar a todo el mundo. Para asegurarte de que el personal prospera de verdad, busca oportunidades de desarrollo en las interacciones cotidianas. Interésate por cómo van las cosas, ofrece apoyo y pon recursos al alcance de la gente. Conoce sus prioridades con preguntas como «¿cuáles son tus objetivos profesionales y cómo puedo ayudarte a cumplirlos?». Y cuando observes a alguien en acción no pierdas la oportunidad de darle feedback: qué ha hecho bien y cómo podría hacerlo aún mejor la próxima vez. Este tipo de mentoría informal refuerza la retención, la lealtad y el compromiso.

Adaptado de «Real Mentorship Starts with Company Culture, Not Formal Programs», de W. Brad Johnson y David G. Smith.

Las presentaciones híbridas

Cuando presentes ante un público en parte presencial y en parte remoto, no descuides las necesidades de quienes se conectan a distancia. Pide a los participantes virtuales que mantengan la cámara encendida y alterna tu mirada entre las personas que están en la sala y quienes te ven a través de la cámara, para implicar a todo el mundo. Si estás de pie y lejos del portátil, acércate de vez en cuando a la cámara para mantener la conexión con quienes te siguen en remoto. Dirígete a esa parte del público de forma constante; es fácil caer en la tentación de hablar solo para quienes están en la sala. Si tu presentación incluye grupos de trabajo, combina a personas presenciales y remotas para tratar a todo el mundo por igual. Y, por último, sé breve: cualquier presentación se hace más larga cuando solo estás mirando la pantalla.

Adaptado de «How to Nail a Hybrid Presentation», de Sarah Gershman y Rae Ringel.

3 de junio

La transición hacia el liderazgo directivo

Conviértete en estratega

Cuando pasas de liderar un departamento a tomar las riendas de un proyecto o empresa, debes afrontar una serie de cambios en tu enfoque y tus habilidades de liderazgo que puede entrañar bastante complejidad. Uno de los más importantes es convertirte en estratega. Los resultados concretos e inmediatos que obtienes cuando actúas de forma táctica resultan tentadores. Pero ahora tu tarea es ser el o la principal estratega. Y para ello necesitas tres habilidades clave: saber alternar entre los detalles y el panorama general; reconocer patrones en entornos complejos; y anticipar la reacción de terceros (como competidores o los medios de comunicación) ante la acciones propuestas. El pensamiento estratégico puede mejorar con formación y entrenamiento, así que presta atención a las oportunidades que ofrece la empresa para fortalecer esta capacidad.

Adaptado de «How Managers Become Leaders»,
de Michael D. Watkins.

Preguntas para uno mismo

¿Doy feedback de manera correcta?

A lo largo de tu carrera profesional, plantearte con regularidad algunas preguntas puede serte de gran ayuda para no perder el rumbo hacia tus metas u objetivos. Una de estas preguntas es: ¿das feedback directo, constructivo y en el momento adecuado? Tu equipo quiere saber cómo crecer y desarrollarse, pero necesita que le eches una mano. No esperes a las evaluaciones de final de año: dar feedback con mayor frecuencia permite a las personas mejorar de inmediato, no más adelante. Demuestra también tu compromiso con su éxito, porque eso reforzará a su vez la confianza en la relación.

¿Cómo estás construyendo una cultura del feedback en tu equipo?

Adaptado de «What to Ask the Person in the Mirror», de Robert Steven Kaplan.

Piensa en oportunidades de crecimiento, no en sectores de producción

«No existen sectores en crecimiento, sino empresas organizadas y gestionadas para crear y aprovechar oportunidades de crecimiento. Los sectores que creen estar en una de escalera mecánica de crecimiento automático invariablemente se estancan. La historia de sectores «en crecimiento» que han fracasado o lo están haciendo muestra un ciclo engañoso de gran expansión y decadencia inadvertida. Cuatro condiciones que suelen garantizar este ciclo:

1. Creencia de que el crecimiento está asegurado por una población en expansión y más próspera.
2. Creencia de que no hay sustitutivos competitivos para el producto principal del sector.
3. Demasiada fe en la producción en masa y en las ventajas de la rápida disminución de los costes unitarios a medida que aumenta la producción.
4. Obsesión por un producto que se preste a la experimentación científica cuidadosamente controlada, la mejora y la reducción de los costes de fabricación».

Adaptado de «Marketing Myopia», de Theodore Levitt.

6 de junio

Elabora una estrategia para tu carrera

Haz inventario

Para forjar una carrera significativa es importante elaborar una estrategia a largo plazo. Un paso clave para ello es hacer balance de cuánto «combustible profesional» tienes. Es decir: ¿posees suficientes habilidades, experiencias significativas y relaciones duraderas?

Evalúa si tus niveles de combustible están creciendo, están estancados o incluso tienden a descender, y, en este caso, piensa qué puedes hacer para reponerlos. No siempre es necesario cambiar de trabajo o de sector para añadir combustible al depósito. Puedes emprender nuevos rumbos dentro de tu propia empresa: un proyecto que te resulte especial, un cambio de puesto, asumir mayores responsabilidades o apuntarte a una formación.

Adaptado de «Developing a Strategy for a Life of Meaningful Labor», de Brian Fetherstonhaugh.

Fortalece tu atención

Dominar tu atención en un puesto de liderazgo no implica que te concentres exclusivamente en las tres prioridades del año, ni ser la mente más brillante, ni estar siempre en línea con la cultura corporativa. Eres un líder con un buen enfoque si dominas todo el espectro de tu atención: estás en contacto con tus emociones, eres capaz de controlar tus impulsos, eres consciente de cómo te perciben los demás, entiendes lo que necesitan de ti, sabes eliminar distracciones y, al mismo tiempo, permites que tu mente divague con libertad. Nada de eso es fácil, pero casi todas las formas de enfoque se pueden entrenar. Lo que hace falta es predisposición para ejercitar tu atención como si fuera un músculo.

¿Cómo puedes entrenar mejor tu propia atención?

Adaptado de «The Focused Leader»,
de Daniel Goleman.

8 de junio

Contextualiza los datos que presentas

Para que la gente entienda de verdad los datos que le ofreces, compáralos con algo concreto y fácil de imaginar. Si se trata de plazos, usa referencias conocidas, como un vuelo habitual («Imagina cómo sería volar de Nueva York a Londres tres veces»). Si es una magnitud o un tamaño, recurre a un lugar familiar, como un estadio («Imagina llenar un campo de fútbol cinco veces»). Y recuerda que cada público tiene marcos de referencia distintos, así que adapta los ejemplos a su ciudad o país («Imagina volar de Tokio a Singapur seis veces»). Este tipo de comparaciones ayuda a poner los números en contexto y evita que la gente se pierda.

Adaptado de «3 Ways to Help People Understand What Your Data Means», de Nancy Duarte.

Lo que dices y lo que haces importa

Según investigaciones de UNSW Business School y Deloitte Australia, lo que hacen y dicen los líderes determina el nivel de compromiso del personal de una empresa. Tanto si ya ejerces un cargo de liderazgo como si aspiras a hacerlo, esto es determinante: cuanto más incluidas se sientan las personas, más dispuestas estarán a decir lo que piensan, ir más allá de lo que se espera de ellas y colaborar entre sí. Para convertirte en un líder más inclusivo, empieza por mostrarte humilde respecto a tus propias limitaciones, pide feedback sobre tu comportamiento cotidiano y busca situaciones que te saquen de tu zona de confort y amplíen tu perspectiva. Estas conductas no solo son esenciales para tu desarrollo personal; también animan al resto de la gente a comprometerse con su propio crecimiento.

Adaptado de «The Key to Inclusive Leadership»,
de Juliet Bourke y Andrea Titus.

10 de junio

Cómo evitar las dimisiones

Roles equivocados

Perder a un miembro del equipo afecta tanto a la moral como la productividad, y reemplazar a quienes se van resulta, además, costoso. Un error que puede fomentar la marcha de trabajadores es adjudicarles un rol inadecuado. Si alguien no está aprovechando todo su talento y conocimiento, es fácil que se sienta infravalorado e invisible. Cuando detectes una brecha entre lo que exige un puesto y las capacidades de algún miembro de tu equipo, coméntalo con esa persona y analiza con ella qué tareas serían más provechosas para ambas partes. A partir de ahí, busca oportunidades para que asuma mayores responsabilidades Y pregúntale por sus objetivos profesionales: entender hacia dónde quiere crecer te ayudará a identificar qué nuevos retos y tareas pueden acercarle a ese objetivo.

Adaptado de «8 Things Leaders Do That Make Employees Quit», de Jon Christiansen.

Los líderes eficaces aportan valor en varios aspectos

«Cuando pienso en la contribución de los líderes en una empresa siempre distingo tres aspectos. El primero, que llamo *diferenciación vertical*, es el más conocido: hay líderes más inteligentes, más estratégicos, más expertos o carismáticos que otros. Los CEO también *se diferencian de forma horizontal*, es decir, poseen combinaciones distintas de habilidades, conocimientos y estilos de liderazgo, que encajan mejor o peor según el sector o la situación concreta de que se trate. Y, por último, existe una complejidad adicional: el valor que aporta un CEO no depende solo de lo que haga a nivel individual, sino de hasta qué punto es capaz de *influir en lo que hacen los demás* dentro de la empresa. Los mejores CEO influyen en sus equipos y los motivan, y eso es, en esencia, una habilidad social, no una cuestión de visión o de inteligencia».

Adaptado de «The Myth of the Brilliant, Charismatic Leader», de Raffaella Sadun.

No permitas que el perfeccionismo suponga un contratiempo

Las listas de comprobación

El perfeccionismo puede ayudarte a entregar un trabajo excelente, pero también es posible que incremente tu ansiedad y reduzca tu productividad. Para controlar tu nivel de perfeccionismo, aprende a reconocer cuándo es momento de bajar las exigencias. Una estrategia adecuada en este sentido es elaborar una lista con los elementos esenciales de la tarea. Por ejemplo, si estás trabajando en una presentación para un cliente, esa lista podría incluir no olvidarte de atender las principales preocupaciones del cliente y por qué este debería contratar a tu empresa. Tu perfeccionista interior quizá se preocupe, además, por la elección de la fuente o por cada punto y coma, pero si la lista está completa respira hondo y no pierdas más tiempo.

Adaptado de «How to Manage Your Perfectionism», de Rebecca Knight.

Cómo abordar una conversación difícil de forma virtual

Cuando no es posible tener conversaciones difíciles cara a cara, sigue estos consejos para que las que se producen en remoto se desarrollen sin problemas. Como se trata de no perder los matices emocionales, no uses el correo electrónico ni la mensajería instantánea; mejor una videollamada, para que el contacto visual, las expresiones faciales y el tono de voz sean más evidentes. El objetivo es ayudar a que la otra persona entienda lo que dices y cómo lo dices. Durante la conversación, actúa de forma específica y detallada. En el mundo virtual es más difícil comprender las situaciones complejas, porque solemos caer en abstracciones. Por eso tomar notas antes de la reunión te asegurará cubrir todos los puntos necesarios.

Adaptado de «How to Have Difficult Conversations Virtually», de Art Markman.

14 de junio

No dejes que tus conocimientos te frenen

Sin duda, saber mucho sobre un tema es muy valioso. Pero si crees que tus métodos habituales son los mejores (o los únicos) para hacer las cosas, dejarás pasar nuevas ideas, no anticiparás tendencias y tu perspectiva será más reducida. Para evitar esta trampa, comprométete con el aprendizaje y el crecimiento constantes. Controla tu ego buscando ideas frescas y revisando tus directrices. Rodéate de personas que no piensen ni actúen como tú. Anima a colegas que se encuentren en diferentes etapas de su carrera a poner en común los temas que les entusiasman y a señalar perspectivas que quizá hayas pasado por alto. Reflexiona cada cierto tiempo sobre lo que has aprendido de tu equipo. Aprender (igual que desarrollar tu experiencia) es una búsqueda para toda la vida.

Adaptado de «Don't Be Blinded by Your Own Expertise», de Sydney Finkelstein.

15 de junio

Practica el mindfulness con regularidad

Ya conoces los beneficios del mindfulness (menos estrés y mejor autocontrol, entre muchos otros), pero con el paso del tiempo mantener este hábito no es sencillo. Por eso debes incorporarlo a tu rutina. Para empezar, prográmalo a una hora inamovible; por ejemplo, veinte minutos justo después del almuerzo. Bloquea ese rato en tu agenda e informa a tu equipo para que no te interrumpan. Otra estrategia adecuada es apuntarte a un grupo de mindfulness, porque eso te ofrecerá un horario fijo y te obligará a asistir. Al generar una estructura para la atención plena, te resultará más fácil mantener ese hábito.

Adaptado de «Make Mindfulness a Habit»,
de Matthias Birk.

¿Cómo rindes mejor?

Tu forma de trabajar es única, y entender tu estilo te ayudará a dar lo mejor de ti. Plantéate algunas preguntas para descubrirlo: ¿procesas la información leyendo o escuchando? ¿Aprendes escribiendo, conversando, asistiendo a presentaciones o con la práctica? ¿Prefieres trabajar a solas o en equipo? ¿Obtienes resultados tomando decisiones o asesorando a quienes deciden? ¿Rindes bien bajo presión o necesitas un entorno organizado? ¿Trabajas mejor en una empresa grande o pequeña? Vale la pena reflexionar sobre estas preguntas de vez en cuando, ya que tu estilo puede evolucionar según el contexto en el que te encuentres.

Adaptado de «Managing Oneself»,
de Peter F. Drucker.

Desarrolla tus habilidades colaborativas

La autoconciencia externa

Los equipos son sistemas interconectados de preferencias, habilidades, destrezas y perspectivas. Para liderar de forma adecuada esta entidad compleja, debes desarrollar tu autoconciencia *externa*. Con este fin, has de reflexionar sobre cómo influyen tus palabras y acciones en los demás; sin esa comprensión, te resultará difícil hacer las mejores aportaciones posibles.

Para desarrollar tu autoconciencia externa, observa cómo reaccionan los demás en las conversaciones que mantienen contigo: ¿alguien eleva la voz?, ¿deja de hablar?, ¿se recuesta en la silla? Piensa en lo que esas reacciones pueden estar diciendo sobre tu forma de comunicarte y tu estilo. Pregunta a colegas de confianza qué comportamientos tuyos les resultan útiles y cuáles no. Recibir este tipo de feedback te ayudará a sintonizar mejor con las personas a las que lideras.

Adaptado de «To Improve Your Team, First Work on Yourself», de Jennifer Porter.

Cómo cuidar la seguridad psicológica

Identifica y arregla los comportamientos inadecuados

Si percibimos a otras personas como una amenaza es menos probable que escuchemos, formulemos preguntas o compartamos nuestras ideas. Por eso es tan importante preservar la seguridad psicológica en tu equipo. Una forma de construirla (o reconstruirla) es adoptar una política de tolerancia cero frente a las conductas inapropiadas. Si presencias una falta de respeto evidente (como imponer el propio criterio por encima del ajeno o emplear un lenguaje despectivo) intervén de inmediato. Habla con esa persona en privado, explícale por qué su comportamiento no es aceptable e indícale qué debe cambiar. Al exigir responsabilidad por igual, dejas claro que los mismos estándares se aplican a todo el mundo.

Adaptado de «Do You Really Trust Your Team? (And Do They Trust You?)», de Amy Jen Su.

19 de junio

¿Qué refleja tu agenda?

Tu agenda es un reflejo de cómo lideras y lo que consideras relevante. La forma en que organizas tu tiempo (las tareas y personas a las que dedicas atención) muestra al resto de la empresa qué te importa de verdad. Además, si dedicas poco tiempo a asuntos clave, o mucho a cuestiones secundarias, eso también puede afectar a tu legitimidad. Y cuanto más asciendes en la empresa, más se intensifican estas dinámicas.

¿Qué mensajes transmite tu agenda sobre tus prioridades? ¿Qué ajustes podrías hacer para alinearlas mejor?

Adaptado de «How CEOs Manage Time», de Michael E. Porter y Nitin Nohria.

Combate la cultura corporativa tóxica con una cultura de equipo saludable

Si la cultura de tu empresa está marcada por normas tóxicas que acaban lastrando el comportamiento individual, lo mejor es que generes en tu equipo una cultura basada en conductas sanas y positivas. Empieza por reflexionar sobre tus valores. Convoca una o varias reuniones para que el equipo hable de lo que considera importante, así como de lo que necesita y espera de los demás. Define con claridad los valores compartidos del grupo y las reglas que guiarán su comportamiento a partir de ahora. Una vez alcanzado el acuerdo, formaliza estas nuevas normas en un código de conducta. Puede que no consigas modificar la cultura de toda la empresa, pero sí puedes transformar la de tu equipo.

Adaptado de «Keep Your Company's Toxic Culture from Infecting Your Team», de Annie McKee.

21 de junio

A los grandes mentores no les tiembla el pulso

Para que una mentoría resulte más eficaz, establece reglas claras desde el principio. Hay que empezar preguntando qué espera tu pupilo de la relación, luego explicar qué le ofreces tú y por último acordar unas expectativas comunes. Para poder seguir el desarrollo de esa persona necesitas estar al tanto de su trabajo: fija, pues, una rutina de comunicación e indícale cómo y cuándo puede contactarte en caso de urgencia. Deja claro, además, que rendirte cuentas no es opcional. Debes transmitirle los estándares de tu profesión y de tu empresa, porque un trabajo mediocre también afectará a tu reputación. Al definir expectativas de este modo, salvaguardarás tu tiempo y sentarás las bases para una relación de mentoría sólida y exitosa.

Adaptado de «6 Things Every Mentor Should Do», de Vineet Chopra y Sanjay Saint.

22 de junio

Cómo motivar a un miembro del equipo

Ayudar a que alguien recupere la motivación es mucho más sencillo cuando entiendes por qué la ha perdido. Habla con esa persona sobre lo que has observado y déjale claro que tu objetivo es comprender su punto de vista, no reprenderle. Si el problema es que no ve conexión entre su trabajo y sus valores, ayúdale a forjar esos vínculos. Si siente que le falta la experiencia que su puesto exige, recuérdale momentos en los que superó retos similares; también es conveniente pensar juntos cómo desarrollar nuevas competencias. Y si ni siquiera tiene claro por qué está pasando por ese bloqueo, anímale a reflexionar. Es mucho mejor identificar los problemas de manera conjunta y conversar sobre el modo de avanzar de forma constructiva.

Adaptado de «4 Reasons Good Employees Lose Their Motivation», de Richard E. Clark y Bror Saxberg.

23 de junio

Un buen líder sabe delegar

A veces es tentador echarte la empresa a la espalda y hacerlo todo por tu cuenta. Pero tu tiempo y tus recursos son limitados, así que la forma en que delegas determinará en gran medida tu eficacia como líder. Para mejorar tu capacidad para delegar, sigue estos cuatro consejos:

1. Evalúa qué tareas exigen que tú las lleves a cabo.
2. Define con claridad el alcance de la contribución que estás pidiendo.
3. Explica al equipo por qué esa tarea es importante para la empresa.
4. Implícate en la medida adecuada con cada persona.

Si aplicas estos principios, el trabajo saldrá adelante y tú podrás concentrar tu energía donde más valor aportes.

Adaptado de «To Be a Great Leader, You Have to Learn How to Delegate Well», de Jesse Sostrin.

Genera un ambiente seguro para dar feedback sincero

Como líder, necesitas feedback sincero para crecer, pero muchas veces lo que recibes son comentarios vagos o poco vinculados a comportamientos concretos. Por eso es clave generar un ambiente en el que la gente pueda hablar con franqueza, en especial sobre temas sensibles. Comenta a tu personal que quieres que te hagan tanto comentarios positivos como negativos, y resiste la tentación de responder o justificarte cuando los compartan contigo. Limítate a escuchar y reflexionar. Para facilitar la conversación, formula preguntas abiertas, del tipo: «¿Qué entendiste cuando comenté la estrategia para este semestre?» o «¿Cómo te sentiste cuando envié ese correo?». Agradece la sinceridad y utiliza ese feedback para introducir los cambios necesarios.

Adaptado de «How Leaders Can Get Honest, Productive Feedback», de Jennifer Porter.

25 de junio

Para comprender a tu jefe, antes debes conocerle de verdad

Para trabajar codo con codo con tu jefe necesitas entender las responsabilidades que exige su cargo. Es imprescindible que conozcas sus objetivos, sus puntos fuertes y sus áreas de mejora. ¿Cuáles son sus metas, tanto en lo organizativo como en lo personal? ¿Qué presión recibe de sus iguales y de su propio jefe? ¿Cuál es su estilo de trabajo? ¿En qué destaca? ¿Cuáles son sus puntos débiles? ¿Cómo le gusta recibir la información?, ¿por correo electrónico, en reuniones, por mensajería instantánea? Es especialmente importante forjar este entendimiento cuando tienes un jefe nuevo, pero también conviene revisarlo de forma continua, ya que sus prioridades y preocupaciones seguro que cambian con el tiempo.

Adaptado de «Managing Your Boss»,
de John J. Gabarro y John P. Kotter.

26 de junio

Configura tu filosofía personal

Preocuparse por lo que los demás piensan de ti puede llegar a paralizarte: dejas de tomar la iniciativa y eso repercute en tu carrera profesional. Para combatir estos miedos, debes crearte una filosofía personal (una frase o un lema) que articule quién eres en realidad. Pregúntate: ¿qué valores guían tus acciones? ¿Qué necesitas para rendir al máximo? ¿Cómo quieres vivir tu vida? Busca esa coherencia interna que define tu filosofía personal. Por ejemplo, alguien que tiene como prioridad alcanzar su máximo potencial puede repetir para sí «no te rindas» o «nunca dejes de aprender». Cuando algo en el trabajo mina tu confianza, acude a tu filosofía para recordarte quién eres.

Adaptado from «How to Stop Worrying About What Other People Think of You», de Michael Gervais.

27 de junio

Sí, el sesgo de género también afecta al feedback que reciben las mujeres

«Un espacio seguro para el aprendizaje, la experimentación y la socialización es fundamental en los programas de desarrollo de liderazgo dirigidos a mujeres. Pensemos, por ejemplo, en el feedback: es necesario para crecer y avanzar, pero está lleno de trampas para las mujeres. La investigación ha demostrado de forma clara que las mujeres competentes, de alto potencial y con logros probados suelen suspender la *prueba de la simpatía*, mientras que en los hombres con niveles similares de rendimiento, competencia y simpatía tienden a ir de la mano. Con frecuencia, quienes supervisan a mujeres de alto rendimiento suelen decir algo como "tienes que limar tus asperezas". Por eso, generar un entorno seguro (una relación de coaching, un programa de liderazgo, un grupo de apoyo) en el que las mujeres puedan interpretar este tipo de mensajes es clave para el desarrollo de su identidad como líderes».

Adaptado de «Women Rising: The Unseen Barriers», de Herminia Ibarra, Robin J. Ely y Deborah M. Kolb.

28 de junio

Supera el asilamiento directivo

Sal de tu burbuja

La soledad que puedes experimentar en un puesto directivo tal vez parezca un precio menor a cambio de los resultados, el reconocimiento y el poder que te otorga. Pero esa situación de aislamiento quizá afecte a tu capacidad para tomar decisiones y tu eficacia. Una forma de superar esta situación es salir de tu burbuja. Te limitan las obligaciones de tu cargo (cenas con clientes, sesiones de estrategia, viajes frecuentes) y necesitas desconectar de vez en cuando. Así, tomarte pausas para escuchar a los distintos grupos de interés te ayudará a mantener el contacto con lo que importa y con quienes importan. Por tanto, busca oportunidades para interactuar con clientes y conocer de primera mano sus preocupaciones; habla con personas de todos los niveles de la organización sobre los retos a los que se enfrentan, y organiza encuentros abiertos para que puedan plantearte preguntas difíciles.

Adaptado de «How to Overcome Executive Isolation», de Ron Ashkenas.

Estrategias para personas introvertidas

Actúa como un extrovertido, pero con moderación

Según investigaciones de las universidades de Scarborough y Minnesota, las personas extrovertidas suelen ganar más, ascender antes y obtener evaluaciones más positivas. Entonces, ¿cómo puede tener éxito un líder con tendencia a la introversión? Una opción es actuar como un extrovertido de manera selectiva. Anticípate a las situaciones en las que necesitarás exprimir tu sociabilidad, como una reunión de ventas con un potencial cliente o un evento social para hacer contactos, y reserva tiempo para descansar antes y después. Sabes que tu energía social es limitada, así que conviene actuar de forma estratégica y proactiva a la hora de decidir cuándo y cómo usarla. Intentar reaccionar cuando ya estás sufriendo una «resaca de extroversión» no es sostenible.

Adaptado de «Stop Telling Introverts to Act Like Extroverts», de Evy Kuijpers, Joeri Hofmans y Bart Wille.

Mantén a tu equipo de proyecto en sintonía

La falta de alineación en los equipos de proyecto suele surgir de forma constante y natural. La alineación, en cambio, exige que haya liderazgo intencional, colaboración y una comunicación clara; y de ella dependerá el éxito del proyecto. Por eso necesitas mantener conversaciones periódicas, directas y honestas con tu equipo sobre el objetivo común. Estas cinco preguntas, planteadas con sinceridad, te ayudarán a mantener a todo el mundo alineado:

1. ¿Cuál es tu nivel de comprensión del proyecto?
2. ¿Qué preocupaciones tienes?
3. ¿Cómo ves tu papel dentro del equipo?
4. ¿Qué necesitas para avanzar?
5. ¿Cómo describirías ahora mismo tu nivel de compromiso con el proyecto?

Las respuestas te mostrarán hasta qué punto el equipo está alineado. Luego, si hace falta, organiza una reunión grupal para volver a embarcar a todo el mundo.

Adaptado de «5 Questions to Get Your Project Team on the Same Page», de Timothy R. Clark.

1 de julio

El poder persuasivo de tus iguales

La gente tiende a seguir con mayor facilidad a quienes percibe como sus iguales. Por eso, si necesitas ejercer influencia, una estrategia bastante eficaz es recurrir al «poder de los pares», es decir, implicar a una persona del equipo que goce de respeto y credibilidad para que respalde tu propuesta. Los grandes profesionales de ventas entienden bien esta dinámica; de ahí que utilicen testimonios de clientes que se parecen al cliente potencial al que quieren convencer. Así que, si estás intentando que tus colegas se sumen a una nueva iniciativa corporativa, no te apoyes solo en las ventajas de la propia idea; pide a un colega que goce del respeto general, y que ya esté alineado con el cambio, que la defienda en público. Dicho de otro modo, tendrás mucho más poder de persuasión si ejerces influencia horizontal, y no solo vertical.

Adaptado de «Harnessing the Science of Persuasion», de Robert B. Cialdini.

2 de julio

Los buenos líderes gestionan equipos, no individuos

Quienes acaban de asumir un cargo directivo suelen fracasar, al menos al principio, porque tienen ideas erróneas sobre lo que significa ejercer el liderazgo. Uno de estos mitos es creer que gestionar bien a un equipo consiste solo en apoyar a cada persona de forma individual y mantener a todo el mundo contento y productivo. Ese enfoque puede llevar a centrarse en exceso en el rendimiento individual y a descuidar el desarrollo de la cultura grupal y el rendimiento colectivo. Para que tu equipo tenga éxito, ten en cuenta de qué modo tus decisiones y políticas afectan al conjunto, no solo a cada persona por separado, y fija normas y valores que ayuden al grupo a prosperar. Al fin y al cabo, no estás liderando a individuos, sino a un equipo.

Adaptado de «Becoming the Boss»,
de Linda A. Hill.

Cuando tu crecimiento se estanca

Comparte tus objetivos

Una vez que asumes un puesto de liderazgo, es fácil que tu desarrollo se estanque. Por un lado, los objetivos se vuelven más difusos (dirigir a un equipo, liderar unas determinadas funciones) y, por otro, las demandas constantes sobre tu tiempo pueden desviarte de tus prioridades. Para seguir creciendo, intenta expresar tus objetivos de forma pública. Compartir con los demás qué te propones hacer mantiene presentes tus metas y, además, genera una presión social positiva para cumplirlas. Además, puedes crear un grupo de trabajo con amistades o colegas para que se transmitan ánimo y empuje mutuos. Contar con el apoyo de una pequeña comunidad reforzará tu resiliencia e incrementará tus probabilidades de éxito.

Adaptado de «3 Strategies for Holding Yourself Accountable», de Diana Kander.

4 de julio

Prepárate para ser el blanco de las críticas antes de que ocurra

Convertirte en el blanco de una crítica pública y generalizada puede ser la peor pesadilla para un líder. No es algo que se enseñe en la escuela. Por eso conviene prepararse para el momento en que todas las miradas recaigan en ti. Piensa en los valores que querrás que te guíen y en cómo te gustaría gestionar tus emociones en un contexto difícil y complejo como ese. Reflexiona también sobre los mensajes que querrás transmitir (tanto dentro de la empresa como hacia fuera, y de forma verbal y no verbal). Pregúntate cómo te gustaría mirar atrás cuando todo haya pasado y qué habrías querido haber hecho.

¿Qué tipo de líder quieres ser cuando llegue la crítica pública?

Adaptado de «How Leaders Should Handle Public Criticism», de Ron Carucci.

5 de julio

¿Eres humilde?

La humildad es uno de los mejores antídotos contra los efectos corruptores del poder. Aunque no seas capaz de evaluar con precisión tu humildad, estas siete preguntas te ayudarán a reflexionar sobre el papel que esta juega en tu vida:

1. ¿Buscas obtener feedback, incluso cuando es crítico?
2. ¿Reconoces tus limitaciones?
3. ¿Admites que otras personas tienen más conocimientos o habilidades que tú?
4. ¿Te fijas en las fortalezas de los demás?
5. ¿Elogias a otras personas por sus cualidades?
6. ¿Muestras aprecio por las contribuciones ajenas?
7. ¿Sientes disposición a aprender de otras personas?

Utiliza tus respuestas para identificar las áreas en las que necesitas mejorar.

Adaptado de «Don't Let Power Corrupt You», de Julie Battilana y Tiziana Casciaro.

6 de julio

El riesgo ético de no dormir

«Cuando los líderes no prestan atención a sus horas de sueño, sus colaboradores pueden actuar de manera menos ética. En nuestro estudio, los líderes que de forma sistemática evitaban el descanso (en comparación con otras personas en puestos directivos) confesaban que sus trabajadores solían tener más comportamientos inadecuados. Lo más seguro es que esas conductas no estuviesen directamente relacionadas con el carácter de su jefe, pero también es probable que los trabajadores tomaran peores decisiones como resultado del ambiente laboral o de su propia falta de sueño. De hecho, en estudios previos hemos demostrado que la falta de sueño está vinculada con la disminución de la ética profesional».

Adaptado de «Sleep Well, Lead Better»,
de Christopher M. Barnes.

¿Cuál es tu estilo de liderazgo?

Democrático

Tu estilo de liderazgo es determinante para la empresa. Y un tipo que suele tener efectos positivos en el ambiente laboral y en los resultados organizacionales es el democrático. Los líderes democráticos logran que las personas se involucren en los proyectos y compartan sus ideas. Y eso genera confianza, respeto y compromiso. Además, escuchan las preocupaciones de la plantilla para que no decaiga la moral del grupo. El estilo democrático es ideal cuando no sabes con seguridad qué dirección tomar y necesitas conocer la opinión de tu equipo. Sin embargo, puede resultar contraproducente en esas interminables reuniones en las que es imposible llegar a un consenso, por lo que dejan a tus trabajadores en un mar de confusión y desorientación. Reflexiona sobre qué estilo requiere cada situación y si tu enfoque actual funciona bien o necesita algún ajuste.

Adaptado de «Leadership That Gets Results»,
de Daniel Goleman.

Cuando el trabajo es abrumador

Revisa tus expectativas

Cuando tienes demasiadas tareas pendientes es posible que experimentes ansiedad cada vez que no estás trabajando. Pero una lista interminable de tareas no tiene por qué abrumarte. Una estrategia adecuada para manejar el estrés es poner en duda las expectativas. Nos solemos imponer ciertas normas para responder rápido a los correos electrónicos o atender nuestras tareas. Pero, en lugar de eso, puedes preguntar a los demás cuándo necesitan tener una respuesta o comunicarles cuándo podrás atender sus peticiones. E intenta poner límites claros para responder mensajes fuera del horario laboral. La verdad es que la gente suele ser mucho más flexible para recibir una respuesta de lo que se suele imaginar.

Adaptado de «5 Things to Do When You Feel Overwhelmed by Your Workload», de Alice Boyes.

Los mejores líderes sacan partido de cualquier ocasión

El crecimiento de tu liderazgo no tiene por qué estar limitado al ámbito laboral. Según un estudio publicado en la *Academy of Management Review*, los mejores líderes aprenden de manera constante y en cualquier situación. Por ejemplo, al criar a sus hijos, en un equipo deportivo o en cualquier voluntariado: todos estos roles implican un cierto componente de liderazgo, y dan la posibilidad de probar nuevos comportamientos para ver cuáles te funcionan.

¿En qué áreas de tu vida podrías aprender más y desarrollar tus habilidades de liderazgo?

Adaptado de «How Busy People Can Develop Leadership Skills», de Darja Kragt.

10 de julio

Tu voz de liderazgo

La claridad

Cultivar tu voz de liderazgo requiere desarrollar la capacidad para responder de manera auténtica, constructiva y eficaz, sin importar la situación o la audiencia a la que te enfrentes. Y un aspecto de tu voz es la claridad. Cuando tienes una cantidad interminable de prioridades, parte de tu trabajo es decidir qué puede esperar y qué es lo importante para ti y tu equipo. Por ejemplo, podrías dar prioridad a ciertos proyectos si están muy ligados a la estrategia del negocio y quieres que esa sea una de las prioridades del año. Los líderes que no proporcionan esta claridad corren el riesgo de quedarse cortos en sus principales resultados.

¿Cómo comunicas cuáles son tus prioridades principales?

Adaptado de «You Don't Just Need One Leadership Voice—You Need Many», de Amy Jen Su.

11 de julio

Desarrolla habilidades que la IA no pueda copiar

Evita lo predecible

Las herramientas de IA pueden competir en las tareas básicas de muchas profesiones, como la redacción o el diseño. Por eso es fundamental formarte en áreas que la IA no pueda imitar. Una forma de hacerlo es confiar en las casualidades y en tu personalidad. La IA es un motor de predicciones: no genera conocimientos, solo adivina qué podría venir después. Tú, en cambio, tienes capacidad creativa y para establecer conexiones originales e inesperadas. Quizá uses herramientas de IA para recabar ideas y conocimientos, pero serán tus intereses y experiencias únicos los que los sintetizarán en algo nuevo. Cuando el resto de la gente depende demasiado de la IA, la mejor manera de destacar es pensar como solo puedes hacerlo tú.

Adaptado de «5 Ways to Future-Proof Your Career in the Age of AI», de Dorie Clark y Tomas Chamorro-Premuzic.

¿Qué hace la gente con éxito?

Enfócate en ser mejor

¿Por qué has logrado cumplir algunos de tus objetivos y otros no? Incluso las personas brillantes y con una trayectoria impecable suelen tener dificultades para entender las razones de sus éxitos y fracasos. Sin embargo, décadas de investigación sobre el rendimiento confirman que quienes obtienen mejores resultados hacen algunas cosas de manera diferente. Una de ellas es esforzarse en mejorar, en lugar de limitarse a tener un buen nivel. Si crees que rasgos como la inteligencia son inmutables, en vez de seguir aprendiendo te fijarás objetivos orientados a demostrar tu valía. En cambio, medirte en función del progreso paulatino te ayudará a afrontar los obstáculos y contratiempos con mayor perspectiva, y a alcanzar todo tu potencial.

Adaptado de «Nine Things Successful People Do Differently», de Heidi Grant.

Amplía tu definición de la mejor candidatura

En un proceso de selección de personal sabes qué habilidades y experiencias quieres que tengan los candidatos. Pero si todo tu equipo comparte trayectorias similares es más probable que también piense de forma parecida. Eso implica que abordarán los problemas y las soluciones desde ángulos muy similares, lo cual puede provocar que los resultados del equipo sean menos creativos. La diversidad, en cambio, está vinculada a una mayor innovación y un mejor rendimiento. McKinsey descubrió que las empresas más diversas obtienen mayores beneficios que su competencia. Por eso, formar equipos con personas que aporten habilidades y experiencias vitales distintas puede traducirse, literalmente, en mejores resultados, tanto para ti como para candidatos que sean menos evidentes, pero muy capaces.

¿Cómo podrías ampliar tu manera de evaluar a los candidatos?

Adaptado de «Why You Should Invest in Unconventional Talent», de Debbie Ferguson y Fredrick «Flee» Lee.

14 de julio

Prioriza la seguridad psicológica de las mujeres negras

La seguridad psicológica en el trabajo puede ser más difícil de experimentar para las mujeres negras. Para apoyar a este colectivo en tu empresa puedes poner en práctica varios ajustes. Primero, forma al personal directivo en humildad cultural, toma de decisiones equitativa y comprensión del trauma racial. También, efectúa una auditoría salarial para asegurarte de que las mujeres negras reciben una compensación justa. Puedes, asimismo, invitar a las propias trabajadoras negras a compartir sus experiencias (incluidos los retos que afrontan tanto dentro como fuera del trabajo), siempre que se sientan cómodas haciéndolo. Revisa las políticas de coaching, feedback y gestión del rendimiento para identificar sesgos que estén frenando a algunas personas. Y vuelve a examinar los compromisos de DEI de la empresa para asegurarte de que abordan las distintas dimensiones de la identidad del personal, en especial la cuestión étnica.

Adaptado de «Creating Psychological Safety for Black Women at Your Company», de Agatha Agbanobi y T. Viva Asmelash.

La solución a la brecha de habilidades no es más formación

«Sabemos que, tras décadas de intentos, las empresas siguen sin adaptar de manera adecuada habilidades relacionadas con la producción optimizada, el desarrollo ágil o la superación de los sesgos inconscientes. [...] Más formación no es la respuesta. No basta con enviar a la gente a cursos sobre un aspecto que esté de moda en ese momento y esperar resultados. Lo esencial es elaborar estrategias coherentes y basadas en habilidades. Debemos pensar con rigor qué habilidades concretas hay que desarrollar, quién necesita aprenderlas y qué combinación de formación, experiencia y exposición será eficaz para edificar las empresas basadas en habilidades que necesitamos para afrontar los retos del futuro».

Adaptado de «Help Your Employees Develop the Skills They Really Need», de Greg Satell, Abhijit Bhaduri y Todd McLees.

Concéntrate en lo importante, no en lo urgente

Gestiona tu ansiedad

Tu lista de tareas incluye tanto asuntos importantes como urgentes. Es fácil centrarse en los más urgentes, pero a veces son los proyectos importantes los que en realidad necesitan tu atención. Para priorizar lo que más importa, primero debes gestionar tu ansiedad. Las tareas importantes implican pensar en lo que podría salir mal, y eso puede llevarte a posponerlas. Aprende a tolerar esas sensaciones identificándolas y reconociéndolas cuando aparezcan. Poder decirte: «Me inquieta y me altera no hacerlo bien» te ayudará a mantener esa emoción bajo control y a salir con mayor facilidad de tu zona de confort.

Adaptado de «How to Focus on What's Important, Not Just What's Urgent», de Alice Boyes.

17 de julio

La motivación no siempre se corresponde con la magnitud del objetivo

Para resultar significativo, un trabajo no tiene por qué tener como objetivo erradicar la pobreza o curar el cáncer. Tareas con menor impacto social también tienen sentido si aportan algún valor que sea relevante para la gente. El propósito puede ser tan sencillo como fabricar un producto de alta calidad, prestar un servicio a una comunidad o reducir fallos en un proceso de producción. Sean ambiciosos o modestos, los objetivos pueden potenciar mucho la experiencia laboral de una persona, siempre que le importen y que quede claro de qué modo su esfuerzo contribuye a alcanzarlos.

¿Qué da sentido a tu trabajo? ¿Cómo estás ayudando a que los miembros de tu equipo lo encuentren en el suyo?

Adaptado de «The Power of Small Wins»,
de Teresa M. Amabile y Steven J. Kramer.

18 de julio

No te conviertas en víctima de tu propio éxito

Amplía tu perspectiva

Si quieres seguir rindiendo al máximo, debes superar los escollos que surgen con el éxito. Uno de ellos es desarrollar marcos de referencia demasiado ajustados, que responden a un solo ámbito de especialización. Cada sector tiene su propio conocimiento específico, su jerga y sus formas de pensar. Y es posible que hayas sacado partido de tu experiencia hasta ahora, pero no asumas que es la única que vas a necesitar. Si abordas todos los problemas igual, intentarás resolverlos siempre de la misma manera, y eso acabará limitando tu eficacia.

¿Cómo puedes ampliar tu perspectiva para analizar problemas y soluciones desde enfoques nuevos?

Adaptado de «Want to Change the World? Don't Let Your Own Success Get in the Way», de Rosabeth Moss Kanter.

19 de julio

Rompe con los hábitos que limitan tu carrera

Reprográmate

Todo el mundo tiene algún hábito que frena su carrera, como procrastinar o mirar el móvil cuando debería escuchar a los demás. Pero, según los estudios de *Crucial Learning*, quienes logran superar los malos hábitos son capaces de controlar las circunstancias que los alimentan. Una forma de hacerlo es reprogramarte. Los seres humanos tenemos un sesgo por defecto: si una casilla aparece marcada en una web, es probable que la dejemos así. Bien, pues aplica ese principio a tu vida. Por ejemplo, no te conformes con ensayar tus presentaciones antes de la revisión trimestral; reserva algo de tiempo en tu agenda para practicar esas presentaciones y cúmplelo. Es mucho más probable que dediques una hora a ensayar si ese es tu plan por defecto.

Adaptado de «Trick Yourself into Breaking a Bad Habit», de Joseph Grenny.

¿Quieres un equipo de alto rendimiento?

Crea conexiones sociales

Si pretendes formar un equipo de alto rendimiento, no subestimes la importancia de las conexiones sociales. Según los estudios de la empresa de aprendizaje y desarrollo Ignite80, una mayor conexión interpersonal va de la mano de un mejor rendimiento. Para fomentar relaciones auténticas, invierte tiempo en forjar vínculos más allá del trabajo. Hablar de las aficiones, la familia o las series que cada cual ve puede revelar intereses compartidos, y eso favorece el establecimiento de amistades más estrechas y una colaboración más eficaz. Procura también incluir el reconocimiento como una norma del equipo; los agradecimientos pueden ser más estimulantes que las recompensas económicas, y no deberías ostentar su monopolio: anima a que sean los propios colegas quienes reconozcan el esfuerzo de los demás. En ocasiones, un elogio es incluso más valioso cuando no proviene del líder.

Adaptado de «5 Things High-Performing Teams Do Differently», de Ron Friedman.

21 de julio

Rompe el círculo vicioso de la dopamina

Tu cerebro está programado para recompensarte con una sensación de placer cuando cumples tus objetivos. Pero también busca regresar al equilibrio después de experimentar emociones extremas: el subidón se desvanece y deja una sensación de vacío que te empuja a querer repetir la experiencia, como si caminaras por una cinta de dopamina. Por eso tanta gente intenta hallar la felicidad a través del dinero, el estatus o la fama; saben que la euforia del éxito es efímera, pero mientras dura se sienten bien.

En lugar de perseguir una y otra vez esa euforia momentánea del triunfo, ¿cómo puedes aspirar a una satisfacción más profunda y significativa en tu vida?

Adaptado de «Why Success Doesn't Lead to Satisfaction», de Ron Carucci.

Para ser un gran líder, sé un gran «coach»

El coaching consiste en hallar formas de despertar ideas orientadas al crecimiento en las personas. Para hacerlo bien, hay que plantear preguntas en lugar de dar respuestas, apoyar en vez de juzgar, y facilitar el desarrollo en lugar de decir a los demás qué deben hacer. Prueba con el modelo GROW:

1. **G (*Goal*/Objetivo)**: pregunta qué *objetivo* quiere alcanzar esa persona.
2. **R (*Reality*/Realidad)**: explora las *realidades* o posibilidades de ese objetivo: quién, qué, cuándo y dónde.
3. **O (*Options*/Opciones)**: ayúdala a pensar de forma amplia y profunda para analizar distintas *opciones*.
4. **W (*Will*/Voluntad)**: comprueba su *voluntad* de actuar, confirmando que está comprometida a insistir en la opción elegida.

Repite estos pasos hasta que se llegue a una solución conjunta con la que esa persona se sienta segura y confiada.

Adaptado de «The Leader as Coach»,
de Herminia Ibarra y Anne Scoular.

La transición hacia el liderazgo directivo

Conviértete en arquitecto

Cuando pasas de liderar un departamento a tomar las riendas de un proyecto o empresa, debes afrontar una serie bastante compleja de cambios en tu enfoque y tus habilidades de liderazgo. Uno de ellos supone convertirte en «arquitecto». A medida que asciendes en el organigrama de la empresa, debes dejar de pensar en puestos o funciones aisladas, y empezar a hacerlo en *sistemas*: en cómo encajan entre sí los elementos clave de la empresa. Esto implica comprender los principios del cambio organizativo y de la gestión de ese cambio, así como las múltiples interdependencias de funciones. No creas que puedes modificar un elemento sin que eso afecte a los demás. Para prepararte al respecto, busca formación en cambio organizativo. Así, cuando llegue el momento, estarás en mejores condiciones para tomar decisiones bien fundamentadas y desde una visión de conjunto.

Adaptado de «How Managers Become Leaders», de Michael D. Watkins.

Los comportamientos poco éticos pueden ser contagiosos

Las grandes faltas éticas suelen ser el resultado de pequeñas malas conductas. Por eso, debes prestar atención a dos tipos de acciones poco éticas en tu equipo. El primero tiene que ver con cómo la cultura corporativa afecta a tus trabajadores. Solemos adoptar los valores de quienes nos rodean, así que, si alguien tiene por costumbre exagerar los resultados del mes pasado, otros podrían hacer lo mismo. Revisa, pues, tus normas y reflexiona sobre cómo están influyendo en tu equipo. El segundo tipo consiste en usar los plazos ajustados como justificación para actuar mal. Romper las reglas bajo presión puede ser tentador, así que habla con tu equipo sobre tus estándares éticos. Explícales qué está permitido, qué no lo está y dónde está la línea que nunca se debe cruzar.

Adaptado de «The Psychology Behind Unethical Behavior», de Merete Wedell-Wedellsborg.

Preguntas para uno mismo

¿Obtengo el feedback que necesito?

A lo largo de tu carrera profesional, plantearte cada cierto tiempo algunas preguntas puede serte de gran ayuda para no perder el rumbo hacia tus metas u objetivos. Una de estas preguntas es: ¿cuentas con personas que te digan lo que de verdad necesitas oír? Tu equipo suele estar en mejor posición que tu jefe para decirte cómo lo estás haciendo, pero los trabajadores quizá tengan miedo de dar feedback de forma honesta. Haz un esfuerzo consciente y constante por preguntarles qué puedes mejorar, y luego actúa acorde a ello para demostrar que tienes en cuenta sus comentarios.

¿Cómo estás fomentando una cultura en la que la gente se sienta segura para darse feedback constructivo entre sí, sin importar sus cargos?

Adaptado de «What to Ask the Person in the Mirror», de Robert Steven Kaplan.

26 de julio

Cómo avanzar después de un cambio

Trabaja tus emociones

En ocasiones, un gran cambio —sea personal o profesional— echa por tierra tu identidad. Trabajar los sentimientos negativos que surgen a raíz de un cambio puede ayudarte a avanzar. Es fácil enquistarse en las emociones asociadas con tu vida anterior. Por ejemplo, tal vez sientas ira o vergüenza si te despiden de un trabajo en el que estabas a gusto; reconocer esos sentimientos y, al mismo tiempo, cultivar emociones positivas opuestas te resultará útil en tal caso. Si el despido te llevó a abrir tu propio negocio, o a pasar más tiempo con tu familia o amistades, eso se convertirá en una fuente importante de orgullo. El objetivo, por tanto, no es alejarte de las emociones negativas, sino hacer las paces con ellas y redirigir tu energía hacia aquellas que te resulten más útiles.

Adaptado de «When a Major Life Change Upends Your Sense of Self», de Madeline Toubiana, Trish Ruebottom y Luciana Turchick Hakak.

Mejora la planificación de relevos

Fomenta el desarrollo de jóvenes talentos

La planificación de los relevos en cargos directivos es un proceso complejo y a la vez fundamental para el éxito a largo plazo de tu empresa. Conoces las habilidades que requiere un puesto de alta dirección: orientación estratégica, conocimiento del mercado y capacidad para colaborar con e influir en otros, por mencionar algunas. Para asegurar que la línea de liderazgo de tu empresa sea sólida, busca a quienes ya poseen esas capacidades o tienen potencial para desarrollarlas (podrás identificar a estos individuos por su curiosidad, perspicacia, compromiso y determinación, junto con la inteligencia emocional, que incluye flexibilidad, adaptabilidad, autocontrol y gestión de relaciones). Una vez que hayas identificado a los candidatos más fuertes, sitúalos en puestos que les supongan un desafío y asígnales proyectos estimulantes. Si expones a los miembros de tu equipo con mayor potencial a nuevas localizaciones, áreas de negocio, situaciones y funciones, puedes llegar a convertir tu empresa en una verdadera fábrica de líderes.

Adaptado de «The High Cost of Poor Succession Planning», de Claudio Fernández-Aráoz, Gregory Nagel y Carrie Green.

28 de julio

Admite tus errores

A veces, tus esfuerzos inclusivos pueden salir mal. Quizás uses un lenguaje que alguien considera ofensivo, u olvides mencionar a todos los grupos que están padeciendo alguna injusticia. Para responder de manera eficaz, empieza por reconocer tu error. Y no trates de solucionarlo de inmediato; en su lugar, escucha el feedback que te den, asume la responsabilidad de lo que dijiste (o pasaste por alto), pide disculpas y comprométete a hacerlo mejor. Muestra curiosidad por la naturaleza de tu error. Formula preguntas sobre las palabras que usaste y aprovecha esta oportunidad para comprender mejor otros puntos de vista. Tu objetivo es predicar con el ejemplo: cuanto más te involucres con este tipo de cuestiones, más lo hará tu equipo.

Adaptado de «When Your Efforts to Be Inclusive Misfire», de Daisy Auger-Dominguez.

29 de julio

¿Has descuidado tu vida fuera del trabajo?

Si se lo permites, un puesto de liderazgo puede adueñarse de tu vida personal. Y una vez que te das cuenta de que tu dedicación al trabajo ha perjudicado tus relaciones más importantes (pareja, familia, amistades), puede que ya sea demasiado tarde. Si descuidas tus relaciones personales, estas se resentirán. Si no priorizas el autocuidado, también se deteriorará, con el consiguiente riesgo para ti de problemas físicos o de salud mental. Siempre quedará trabajo por hacer; por tanto, no tomes decisiones que pongan en riesgo la vida que deseas tener en los próximos años.

¿Cómo podrías encontrar un mejor equilibrio entre las cosas que más te importan?

Adaptado de «How to Be a Visionary Leader and Still Have a Personal Life», de David Lancefield.

Los nuevos líderes anticipan los problemas

Cuando asumes un puesto de liderazgo necesitas mostrar a subordinados, jefes y colegas qué les aportas. Una de las principales cuestiones que afrontarás al respecto tiene que ver con cómo vas a liderar: qué cambios efectuarás, qué políticas de equipo pretendes adoptar y hasta qué punto lograrás que la gente se sienta segura en su puesto. Los miembros de tu equipo quieren saber cuáles son tus planes y a quién afectarán, y también cuestiones básicas como el modo en que prefieres que se comuniquen contigo o te planteen los problemas. Este tipo de preguntas les ayuda a formarse una opinión sobre ti como líder. Si reflexionas previamente sobre qué es importante y qué preocupa a los distintos grupos dentro de tu empresa, podrás adaptar tus respuestas y sentar desde el inicio las bases para forjar relaciones sólidas.

Adaptado de «Stepping into a Leadership Role? Be Ready to Tell Your Story», de David Sluss.

Cómo fomentar el desarrollo de las mujeres

Apoya a las nuevas incorporaciones

Como líder, sabes que sigue habiendo pocas mujeres en puestos de poder: solo unas cuantas empresas de la lista *Fortune 500* están dirigidas por una mujer, y aún menos por mujeres racializadas. Una forma de reducir las barreras que frenan su progreso es ofrecer a las nuevas incorporaciones el apoyo que necesiten desde el principio. Evita que las mujeres se conviertan en figurantes, porque eso las debilitará desde el primer momento. Revisa cuáles son las estructuras de poder *reales* de tu organización y plantéate si están excluyendo a las mujeres. Ayúdalas de forma proactiva a construir las relaciones y redes que resulten cruciales para el éxito. Y pide a los hombres blancos que ocupan puestos de liderazgo que compartan con ellas su experiencia para potenciar su talento; así, además, contrarrestarán los sesgos que afectan a las mujeres, en especial a las racializadas.

Adaptado de «How to Close the Gender Gap», de Colleen Ammerman y Boris Groysberg.

1 de agosto

Responde a los errores con curiosidad

Una manera de generar seguridad psicológica en tu equipo es fomentar un ambiente en el que errar no sea un pecado capital. La gente no asume riesgos si está preocupada por recibir una reprimenda o quedarse fuera de juego si algo sale mal. Por eso, cuando un miembro de tu equipo cometa un error, antes de emitir un juicio interésate por saber qué ha ocurrido. En estos casos es clave adoptar una mentalidad de aprendizaje: reconoce que no cuentas con toda la información y formula preguntas sobre el razonamiento y los supuestos que han guiado su conducta. Trata de entender cómo y por qué se produjo el error, para que sea posible extraer aprendizajes por ambas partes.

Adaptado de «What Is Psychological Safety?»,
de Amy Gallo.

2 de agosto

Cómo evitar las dimisiones

No asignes tareas aburridas o muy sencillas

Perder a un miembro del equipo afecta tanto a la moral como a la productividad, y reemplazar a quienes se van resulta, además, costoso. Un error habitual que puede fomentar que la gente se marche es asignar tareas aburridas o muy sencillas. Cuando alguien no tiene suficientes retos, pierde la motivación y el compromiso. Si te piden más trabajo o tareas de mayor exigencia, aborda con esa persona cómo ampliar sus capacidades y qué nuevas responsabilidades podría asumir. Pregúntale por sus intereses y motivaciones, y emplea esa información para asignarle proyectos que ayuden a incrementar su conocimiento y sus habilidades. También puedes plantearte crear una especie de «agenda de aprendizaje», con objetivos claros y una hoja de ruta para alcanzarlos. Ese plan permitirá a ambas partes hacer un seguimiento de sus progresos.

Adaptado de «8 Things Leaders Do That Make Employees Quit», de Jon Christiansen.

3 de agosto

A veces, el buen liderazgo es aburrido

¿En qué consiste una buena gestión? No existe una respuesta única y definitiva. Pero, según nuestros estudios, se basa en tres pilares: fijar objetivos, dar incentivos y hacer seguimiento. Las empresas bien gestionadas establecen metas razonables y estratégicas, crean las condiciones para que sus equipos contribuyan a alcanzarlas y miden de forma sistemática los avances. Llámalo aburrido, si quieres; yo lo llamo *un buen negocio*. Con esta visión del liderazgo es más difícil aparecer en la portada de una revista, por eso a menudo se pasa por alto este tipo de experiencias. Pero ignorar la compleja relación entre los líderes y sus empresas perjudica a inversores, consumidores y, en última instancia, también a los propios directivos.

Adaptado de «The Myth of the Brilliant, Charismatic Leader», de Raffaella Sadun.

Desarrolla tu agilidad de aprendizaje

Conexiones

Según los estudios de Korn Ferry, si te basas en los mismos supuestos y patrones de conducta a los que has recurrido durante años como líder, corres el riesgo de estancarte, rendir por debajo de tu potencial o salirte del rumbo que te has marcado. Una forma de solventarlo es desarrollar la agilidad de aprendizaje: la capacidad para aprender de forma rápida y continua. Para ello debes hallar conexiones entre ámbitos que a primera vista no tengan relación. Piensa en un área que domines, pero que no esté directamente vinculada con tu trabajo. Después, pregúntate cómo podrías aplicar ahí tus conocimientos y tu experiencia de una forma innovadora. Por ejemplo, ¿podrías utilizar principios de desarrollo del liderazgo en un proyecto personal, un emprendimiento paralelo o incluso en un hobby? Este ejercicio te obliga a abrir la mente y a usar la creatividad para afrontar nuevos retos.

Adaptado de «4 Ways to Become a Better Learner», de Monique Valcour.

5 de agosto

Encuentra pequeñas formas de ganar más tiempo

Según los estudios de la Harvard Business School, recuperar tiempo incrementa el bienestar, reduce el estrés y favorece la salud. Por ejemplo, en lugar de conducir tú, puedes «comprar tiempo» contratando un servicio de transporte y aprovechar ese trayecto para ponerte al día con el correo electrónico. Si vas bien de tiempo, intenta salir antes del trabajo y dedicar ese rato a actividades que te resulten gratificantes. También puedes pedir que se ajusten los plazos. Tal vez parezca arriesgado, pero gestionar tu agenda de forma proactiva suele resultar más productivo que forzarte a cumplir una fecha de entrega en apariencia inalcanzable. Esto es aún más cierto teniendo en cuenta que disponer de más tiempo te permitiría hacer mejor tu trabajo.

Adaptado de «Time for Happiness»,
de Ashley Whillans.

Los grandes mentores anticipan los problemas

Es casi seguro que, en algún momento, surgirán desacuerdos o malentendidos con alguno de tus aprendices. En general, es posible solventar cualquier fricción, pero la iniciativa es responsabilidad del mentor. No dejes que el problema se enquiste: en cuanto seas consciente de él, actúa para reconducir la relación. Habla con la otra persona sobre lo ocurrido y escucha su punto de vista; trata de entender sus motivaciones y evita hacer juicios demasiado pronto. El objetivo es prevenir conflictos futuros, por eso es necesario conocer el origen del problema. Las relaciones abiertas y sinceras son la base de una mentoría eficaz; si aún no la tienes, empieza a construirla ahora.

Adaptado de «6 Things Every Mentor Should Do»,
de Vineet Chopra y Sanjay Saint.

7 de agosto

Aprende a controlar tu atención

«La atención es la base de las competencias de liderazgo esenciales: la inteligencia emocional, la organizativa y la estratégica. Y nunca se ha visto tan amenazada como ahora. El bombardeo constante de información que sufrimos nos empuja a tomar atajos poco profesionales: priorizar los correos leyendo solo el asunto, saltarnos muchos mensajes de voz, hojear por encima documentos e informes, etc. Estos hábitos de atención no solo nos vuelven menos eficaces, sino que, además, el volumen de mensajes no nos deja tiempo para reflexionar sobre su envergadura. Aprende a controlar tu atención y sabrás dónde poner el foco y dónde debe ponerlo tu empresa».

Adaptado de «The Focused Leader»,
de Daniel Goleman.

8 de agosto

El poder de las buenas preguntas

Expande el pensamiento de los demás

Una buena pregunta puede ayudarte a entender mejor una tarea, a descubrir oportunidades ocultas, a obtener mejores resultados y a reducir riesgos imprevistos. Uno de los rasgos de una gran pregunta es que invita a los demás a expandir su forma de pensar. Cuestionar las suposiciones de colegas y subordinados abre la conversación y permite que emerjan nuevas soluciones. Por ejemplo, en lugar de decir: «Has comentado que quieres potenciar la satisfacción del personal para que mejore su rendimiento. ¿Cuáles serían los siguientes pasos?», podrías plantearlo así: «Los estudios al respecto indican que el compromiso es mejor predictor del rendimiento que la satisfacción. Hay muchos factores que influyen en el compromiso: ¿cómo podríamos abordarlo desde este punto de vista?».

Adaptado de «The Art of Asking Great Questions»,
de Tijs Besieux.

La equidad debe ser el punto de partida de las políticas DEI

Las iniciativas relacionadas con la diversidad pueden generar rechazo porque se perciben como un juicio sobre las habilidades innatas, la competencia o incluso el valor personal de los miembros del equipo. Por eso conviene enmarcar los esfuerzos para la inclusión en términos de equidad. Justificarlos solo desde una lógica de negocio puede alienar a los grupos marginados, mientras que promover la diversidad sin justificarla puede provocar una reacción similar en los grupos más favorecidos. En lugar de eso, explica con detalle que las políticas DEI buscan reducir las injusticias en el trabajo y benefician a todas las personas. Destaca también los recursos organizativos disponibles (como programas de aprendizaje o coaching de liderazgo) para reforzar la idea de que todo el mundo merece una oportunidad real de tener éxito.

Adaptado de «To Avoid DEI Backlash, Focus on Changing Systems—Not People», de Lily Zheng.

10 de agosto

El motor del cambio: el *storytelling*

Aporta claridad a tu liderazgo

Si tu empresa necesita plantearse un gran cambio, la técnica del *storytelling,* el arte de contar historias para transmitir mensajes, puede ayudarte no solo a explicar por qué es necesaria esa transformación, sino también a mostrar cómo será el futuro de forma concreta y sugerente. Un buen *storytelling* cumple cuatro funciones, y una de ellas es dar directrices claras. Tus razonamientos deben abordar los problemas que estás intentando resolver y hacer ver el coste de no hacerlo. Además, has de ofrecer motivos sólidos a los demás para esforzarse a largo plazo. Es fácil que trabajadores, equipos y empresas se aferren a su zona de confort; por eso tus argumentos deben ser lo bastante persuasivos como para superar esa inercia y animarlos a mirar hacia el futuro.

Adaptado de «Storytelling That Drives Bold Change», de Frances X. Frei y Anne Morriss.

11 de agosto

El enfoque como líder

En el mundo

Una de tus tareas principales como líder es dirigir la atención. Para ello, en primer lugar debes aprender a enfocar tu propia atención de tres maneras generales: en ti mismo, en los demás y en el mundo en general. Poner el foco en el mundo exterior exige saber escuchar y plantear las preguntas correctas. También significa abrirse a relacionar información que a primera vista parece no tener conexión, y ser capaz de imaginar de qué manera las decisiones que tomes hoy se pondrán en práctica en el futuro. Los líderes que encarnan estas cualidades o que aprenden a hacerlo son capaces de conectar ideas de forma original y de explorar oportunidades ocultas.

Adaptado de «The Focused Leader»,
de Daniel Goleman.

El poder persuasivo de la consistencia

La gente suele cumplir los compromisos que ha adquirido de manera explícita. Por eso, si necesitas convencer a alguien de algo, un enfoque que resulta eficaz es que la aceptación por la otra parte sea activa, pública y voluntaria. *Activa* significa que alguien está de acuerdo con algo de manera verbal o por escrito; *pública* significa que lo hace frente a otras personas, y *voluntaria*, que no se le ha obligado a hacerlo. Por ejemplo, para que el personal de tu empresa acepte con pleno convencimiento un nuevo proceso de planificación, pídeles que te envíen por correo electrónico ideas sobre cómo integrarlo en su trabajo (activa); que compartan sus reflexiones para empezar a elaborar una estrategia de equipo (pública), y que discutan de qué modo el nuevo proceso les ayudará a cumplir plazos (voluntaria).

Cuando los compromisos se presentan de esta manera, es más probable que se respeten.

Adaptado de «Harnessing the Science of Persuasion», de Robert B. Cialdini.

No permitas que tu lista de tareas pendientes te distraiga

Si te cuesta equilibrar tu trabajo con el liderazgo de tu equipo, reajusta tus prioridades. Habla con líderes que hayan logrado ese equilibrio y pregúntales cómo lo hacen. También puedes pedirles feedback sobre tu rendimiento y usarlo para plantearte cómo ofrecer a tus trabajadores lo que necesitan, ya sea mediante conversaciones periódicas sobre desarrollo profesional o con reuniones individuales. En las próximas semanas, observa cuándo una tarea o un plazo te distrae de prestar atención a tu gente. Y recuérdate una y otra vez que debes atender a las personas a las que lideras: tu lista de tareas siempre podrá esperar un poco más.

Adaptado de «Why Highly Efficient Leaders Fail», de Rebecca Zucker.

14 de agosto

Liderar en la incertidumbre

Elige el coraje por encima de la comodidad

Cuando el mundo sucumbe al caos y la incertidumbre, no tienes idea de qué puede ocurrir en el futuro. ¿Cómo puedes, en tales circunstancias, tranquilizar a la gente y ayudarla a mantenerse enfocada? Una manera de liderar bien en estas condiciones es ser valiente cuando lo que más deseas es permanecer en tu zona de confort. Elegir el coraje (como tomar decisiones de negocio basadas en tus valores, en lugar de en el beneficio rápido) puede parecer una locura, y por eso es probable que te enfrentes a críticas y cometas errores. Pero defender aquello en lo que crees invitará a otros a hacer lo mismo. Y el coraje te dará la fuerza necesaria para seguir adelante a pesar del miedo.

Adaptado de «3 Strategies for Leading Through Difficult Times», de Rasmus Hougaard, Jacqueline Carter y Rob Stembridge.

Preguntas básicas frecuentes

¿Al menos, no podríamos...?

Cada vez que planteas buenas preguntas, logras inspirar curiosidad, creatividad y un pensamiento más profundo en ti y en tu equipo. Una bastante útil en este sentido es: «¿Al menos, no podríamos...?». Seguro que has participado en alguna reunión tensa, con ambas partes enfrentadas y pocos avances hacia el consenso. Pues ten en cuenta que para desatascar el asunto es de gran ayuda plantear esta pregunta: «¿Al menos, no podríamos...?». Por ejemplo, podrías empezar buscando un terreno común con preguntas del tipo: «¿Al menos, no podríamos ponernos de acuerdo en algunos principios básicos?» o «¿Al menos, no podríamos empezar a trabajar y analizar la situación más adelante?».

Adaptado de *«5 Questions Leaders Should Be Asking All the Time»*, de James E. Ryan.

Estrategias para personas introvertidas

Organiza tu agenda según tu nivel de energía

Algunas investigaciones de las universidades de Scarborough y Minnesota han revelado que las personas extrovertidas suelen ganar más, ascender antes y obtener evaluaciones más positivas. Entonces, ¿cómo puede tener éxito un líder con un carácter más introvertido? Una opción es organizar tu agenda según tus niveles de energía. Piensa en cuánto te agotan las distintas interacciones sociales (reuniones, cenas con clientes) y cuánto tiempo necesitas para recargar las pilas. Luego, en función de ello y en la medida de lo posible, reserva tiempo para estar a solas. Por ejemplo, puedes guardarte unos minutos después de una presentación importante para meditar o escribir, o programar pausas breves a lo largo del día. Sea cual sea el método que utilices, hazlo de forma proactiva: esperar a agotarte solo empeorará las cosas.

Adaptado de «Stop Telling Introverts to Act Like Extroverts», de Evy Kuijpers, Joeri Hofmans y Bart Wille.

Fomenta el progreso

Los estudios de Teresa Amabile y Steven Kramer sugieren que, para asegurarte de que tu equipo está motivado y comprometido, y para que su trabajo no decaiga, deberías *alimentar* su progreso con distintos tipos de *nutrientes,* como las demostraciones de respeto o las palabras de ánimo. Estos nutrientes incluyen actos de apoyo interpersonal como el reconocimiento, la ayuda, el consuelo emocional y las oportunidades de afiliación. Los resultados de sus estudios demuestran que tales nutrientes aparecen con frecuencia los días en que los trabajadores admiten estar en su mejor momento (según su estado de ánimo, emociones y motivación) y pueden otorgar un mayor propósito a su labor. Todo esto quizá parezca mera palabrería, pero en estas investigaciones también se ha hallado que incluso el personal directivo más atento olvida o pasa por alto con frecuencia la importancia del respeto y la consideración hacia los miembros de su equipo.

Adaptado de *«The Power of Small Wins»*,
de Teresa M. Amabile y Steven J. Kramer.

La paciencia es una virtud... y una habilidad esencial del liderazgo

Por varias razones, es difícil ser buen líder si no se tiene paciencia. Por ejemplo, cuando te enfrentas a contratiempos o dificultades, si no logras mantener la calma tampoco lo harán los demás. Por otro lado, tanto las nuevas estrategias como las soluciones a los problemas necesitan tiempo para llevarse a la práctica; recuerda que las soluciones rápidas no siempre funcionan. Por supuesto, nuestro mundo laboral, siempre conectado, valora la respuesta inmediata y la disponibilidad constante; pero muchas veces el éxito se logra más bien a base de método, cuidado y cautela, tanto para evaluar una idea nueva como para tomar una decisión importante.

¿Tienes la paciencia necesaria para dirigir un equipo? ¿Estaría de acuerdo tu personal? ¿Cómo puedes seguir desarrollando esta habilidad tan valiosa?

Adaptado de «Becoming a More Patient Leader», de David Sluss.

Elabora una estrategia para tu carrera

Puntúa tu desempeño

Para forjar una carrera profesional significativa es importante elaborar una estrategia a largo plazo. Un primer paso es evaluar tu actual situación laboral. No te fíes solo de la intuición para medir tu satisfacción. Plantéate cuatro preguntas clave: ¿estás aprendiendo? ¿Ejerces influencia sobre los demás? ¿Te lo pasas bien? ¿Recibes alguna recompensa por tu esfuerzo? Dedica tiempo a reflexionar sobre tus respuestas y lo que revelan. Si no te satisfacen, piensa cómo podrías mejorar y si es posible en tu puesto actual. En caso contrario, quizá deberías buscar otras opciones.

Adaptado de «Developing a Strategy for a Life of Meaningful Labor», de Brian Fetherstonhaugh.

20 de agosto

Cómo liderar mientras tu equipo avanza

Elige tus batallas

A medida que tu equipo crezca, tus procesos y tu forma de trabajar deben evolucionar en varios sentidos. Uno de ellos es aprender a elegir tus batallas. Cuantos más proyectos supervises, más probable será que algo no vaya bien: quizá una iniciativa se retrase, necesites aclarar un malentendido o los trabajadores compitan por los recursos existentes. Pero tu tiempo y atención son limitados, la perfección no es una opción y no puedes hacerlo todo, así que aprende a priorizar. ¿Qué es lo más importante que debes abordar hoy y qué no lo es? La cantidad de exigencias que afrontas cada día puede resultar abrumadora; acostúmbrate a dejar que los asuntos de menor importancia esperen su turno.

Adaptado de «*As Your Team Gets Bigger, Your Leadership Style Has to Adapt*», de Julie Zhuo.

La sencillez del mensaje

Cuando redactas un texto en el trabajo, tal vez creas que necesitas usar jerga especializada o palabras rebuscadas. Pero un lenguaje recargado no te hará parecer más inteligente y, además, puede distanciarte de tus lectores. En su lugar, busca un tono informal, pero a la vez profesional. Emplea palabras cortas y familiares, y expón tus ideas de forma directa y simple. El formato también ayuda: destaca los mensajes clave con títulos, cursivas o negritas. Y procura que frases y párrafos sean breves: si hay demasiadas ideas, tus lectores pueden cansarse y dejar de prestar atención. Seguro que lo leerán en el móvil, quizá en una situación en la que atienden solo a medias, así que debe entenderse con echar un simple vistazo.

Adaptado de «Writing About Business (Without Being a Bore)», de Mike Reed.

22 de agosto

El coraje se logra paso a paso

«Me di cuenta de que el coraje no es algo innato; se desarrolla mediante pequeños actos de valentía. Es como si quisieras levantar de golpe un saco de arroz de 100 kilos; lo sensato sería empezar con uno de 5, luego uno de 10, luego uno de 20, y así sucesivamente, hasta que desarrolles la fuerza necesaria para levantar el de 100. Pues con el coraje pasa lo mismo: debes llevar a cabo pequeños actos de valentía que requieran cierto esfuerzo mental y espiritual».

Adaptado de «Life's Work: An Interview with Maya Angelou», de Alison Beard.

Preguntas básicas frecuentes

¿Qué es lo que importa de verdad?

Cada vez que planteas buenas preguntas, logras inspirar curiosidad, creatividad y un pensamiento más profundo en ti y en tu equipo. Una bastante útil en este sentido es: «¿Qué es lo que importa de verdad?». Y no debes reservarla para las vacaciones o la jubilación; conviene usarla con regularidad, tanto para ti como para todo lo demás. Plantearla te ayudará a simplificar situaciones complejas (como cuestiones delicadas en relación con el personal de la empresa) y a mantener los pies en la tierra cuando te enfrentes a grandes ambiciones, como una reestructuración organizativa. Formularte esta pregunta con frecuencia no solo hará tu vida laboral más fluida, también te ayudará a encontrar equilibrio en el conjunto de tu vida.

Adaptado de «5 Questions Leaders Should Be Asking All the Time», de James E. Ryan.

24 de agosto

Refuerza tu versatilidad

Si pretendes crecer como líder, necesitas esforzarte para convertirte en una persona más completa. Eso implica identificar habilidades y comportamientos de liderazgo opuestos (por ejemplo, tener una actitud decidida, pero también empoderar a los demás, o ser exigente y a la vez mostrar comprensión) y obligarte a crecer en ambos, en lugar de apoyarte solo en tus fortalezas. El objetivo es ir más allá de lo que te resulte cómodo y familiar, y de lo que te ha llevado hasta tu puesto actual. Los líderes poco versátiles, en vez de poner a prueba nuevas perspectivas y aprender de ellas, suelen tener una visión rígida y limitada sobre quiénes son, y tienden a evitar otros puntos de vista que choquen con los suyos. Pero los grandes líderes saben que ese no es el camino.

¿Cómo puedes volverte más versátil?

Adaptado de «The Best Leaders Are Versatile Ones», de Robert B. «Rob» Kaiser.

Las ventajas de ser un líder inclusivo

Deberías pensar que ciertos rasgos inclusivos, como la humildad, la curiosidad y la empatía, no solo son cualidades deseables, sino esenciales para el liderazgo. ¿Por qué? Porque la forma en que actúan los líderes influye mucho en la inclusión y seguridad psicológica que experimentan las personas. Además, según Deloitte, los líderes inclusivos logran mejoras notables en el rendimiento de los equipos, la calidad de la toma de decisiones y la colaboración. Y, de acuerdo con el Boston Consulting Group, también reducen el riesgo de rotación del personal en casi un 80 %.

¿Cómo puedes seguir desarrollando en ti estos rasgos inclusivos?

Adaptado de «What Makes an Inclusive Leader?», de Wei Zheng, Jennifer Kim, Ronit Kark y Lisa Mascolo.

Combate el desánimo profesional con una perspectiva de continuidad

En ocasiones, sobre todo si te encuentras a mitad de tu carrera, puedes llegar a pensar que tu vida laboral consiste en sacar adelante un proyecto tras otro. Para afrontar ese malestar de forma productiva, cambia de perspectiva. Tu trabajo está lleno de pequeños esfuerzos finitos: preparas una propuesta para un cliente y luego la presentas; organizas un congreso y lo celebras. Pero, en lugar de centrarte en esas tareas *fijas* (los proyectos), piensa en las actividades continuas (aquellas a las que tus proyectos contribuyen). Por ejemplo, cuando trabajas en pro de un acuerdo estás fomentando la estrategia de crecimiento de tu empresa; cuando organizas un congreso estás fortaleciendo la relación con los actores clave del sector. Ajustar tu forma de pensar para centrarte en los aspectos continuos e *infinitos* de tu trabajo puede ayudarte a superar esa sensación de vacío sin necesidad de cambiar lo que haces ni la forma en que lo haces.

Adaptado de «Facing Your Mid-Career Crisis»,
de Kieran Setiya.

Cuando caes bien a tu equipo, pareces más eficaz

Existe un viejo dicho que afirma que el liderazgo no consiste en sonreír a todo el mundo, sino en obtener resultados. Pero hoy en día eso ya no es del todo cierto. Las personas valoran a los líderes que se preocupan por su gente. Por eso merece la pena que forjes una relación personal con quienes lideras. Según una investigación de las universidades Northeastern, Wake Forest y Florida State, cuando los miembros del equipo se sienten conectados contigo es más probable que te perciban como un buen líder. Esto no significa que construir relaciones deba estar por encima de todo lo demás. Pero ignorar lo que la gente piensa de ti puede salirte caro.

Adaptado de «Why Likable Leaders Seem More Effective», de Charn McAllister, Sherry Moss y Mark J. Martinko.

El aprendizaje: el antídoto contra la obsolescencia

Antes, los líderes basaban su carrera en irse especializando en un tema o ámbito. En la actualidad, la especialización importa menos que la capacidad de aprender de los demás. Piensa, por ejemplo, en el conocimiento digital: la tecnología evoluciona tan rápido que estar al día es todo un reto. Tal vez no necesites ser un experto digital (bueno, nunca se sabe), pero lo que no admite dudas es que siempre debes tener una actitud abierta a aprender de quienes sí lo son.

¿De quién necesitas aprender? ¿Qué nuevas perspectivas podría abrirte ese aprendizaje?

Adaptado de «Every Leader Needs to Navigate These 7 Tensions», de Jennifer Jordan, Michael Wade y Elizabeth Teracino.

Tu voz de liderazgo

La curiosidad

Cultivar tu voz de liderazgo requiere desarrollar la capacidad para responder de manera auténtica, constructiva y eficaz, sin importar la situación o la audiencia a la que te enfrentes. Uno de los pilares de esa voz es la curiosidad. Tu papel como líder incluye dirigir y tomar decisiones, pero conviene no afrontar cada situación como si ya tuvieras todas las respuestas. Muchas veces, mostrar curiosidad ante un problema e invitar a otras personas a compartir sus ideas resulta un enfoque mucho más constructivo. Has contratado a gente inteligente, ¿no es así? Bien, pues si su perspectiva es distinta de la tuya, intenta entender de dónde viene para ser capaz de obtener las mejores soluciones.

¿Cómo expresas la curiosidad cuando te enfrentas a retos difíciles?

Adaptado de «You Don't Just Need One Leadership Voice—You Need Many», de Amy Jen Su.

Desarrolla habilidades que la IA no pueda copiar

Cultiva la experiencia

Las herramientas de IA pueden competir en las tareas básicas de muchas profesiones, como la redacción o el diseño. Por eso es fundamental progresar en áreas que la IA no pueda replicar. Una forma de hacerlo es seguir cultivando y compartiendo tu propio conocimiento en tu campo. La IA es útil para recuperar datos casi al instante, pero a veces los *resultados* que ofrece simplemente no son correctos. Dado que su precisión no es 100 % fiable, forjar y mantener una reputación como experto de confianza nunca ha sido tan importante. Incluso si la IA se encarga de los primeros borradores, siguen haciendo falta personas fiables que verifiquen esos resultados. Por tanto, si los demás saben que dominas tu materia, acudirán a ti para contrastar y validar el trabajo de la IA.

Adaptado de «5 Ways to Future-Proof Your Career in the Age of AI», de Dorie Clark y Tomas Chamorro-Premuzic.

31 de agosto

¿Tienes demasiadas ocupaciones?

Aun así, saca tiempo para hacer ejercicio

Sabes que el ejercicio aporta beneficios físicos, pero también ventajas profesionales. Así lo demuestran investigaciones de la HKU Business School y las universidades Lingnan, Hong Kong Baptist y Fuzhou. Para empezar, la actividad física mejora la concentración, y eso favorece el procesamiento de la información, la atención y la capacidad para concentrarte. Además, la concentración en una tarea es un fuerte predictor del rendimiento creativo, y así lo percibe la gente. Y estos beneficios no se limitan al mismo día: se mantienen al día siguiente de haber hecho ejercicio. Es decir, entrenar hoy te ayudará enfocarte mejor y tener más creatividad mañana. Por eso has de buscar maneras de integrar la actividad física en tu rutina: es una inversión tanto en tu salud como en tu carrera profesional.

Adaptado de «To Improve Your Work Performance, Get Some Exercise», de Bonnie Hayden Cheng y Yolanda Na Li.

1 de septiembre

La importancia del ambiente laboral

Reajusta estrategias y roles

Si tu equipo está bloqueado o desmotivado, es posible que la gente haya perdido de vista su propósito general y los objetivos que tenía para alcanzar sus metas. Ya sea por factores externos, internos o una combinación de ambos, en ciertos casos es necesario renovar la estrategia y los roles de equipo. Comentar en grupo algunas cuestiones puede ser de gran ayuda:

1. ¿Nuestra estrategia de equipo está alineada con nuestro objetivo?
2. ¿Qué tácticas y enfoques debemos revisar?
3. ¿Qué suposiciones o nuevas circunstancias podrían poner en riesgo nuestros planes?
4. ¿Alguien necesita un cambio de rol?
5. ¿Cómo podemos ajustar las responsabilidades de cada persona?

Las respuestas pueden ayudar a cambiar lo que hace tu equipo y quién desempeña funciones específicas.

Adaptado de «20 Questions to Ask When Your Team's Vibe Is Off», de Liane Davey.

2 de septiembre

La transición hacia el liderazgo directivo

Sé un modelo a seguir

Cuando pasas de liderar un departamento a tomar las riendas de un proyecto o empresa, debes afrontar una serie bastante compleja de cambios en tu enfoque y tus habilidades de liderazgo. Uno de ellos es asumir el rol principal dentro de la compañía. A partir de ahora, la gente prestará mucha atención a lo que dices y haces; todo el mundo se fijará en ti en busca de dirección, inspiración y señales sobre los comportamientos y actitudes *correctos*. Para asegurarte de enviar los mensajes que deseas transmitir, cultiva la autoconciencia y desarrolla empatía hacia los puntos de vista de tu personal. Ahora eres un modelo a seguir, así que presta especial atención al impacto que tienes en el resto de la gente.

Adaptado de «How Managers Become Leaders», de Michael D. Watkins.

3 de septiembre

¿Tiene tu equipo suficientes desafíos?

La mayoría de la gente no se siente comprometida con su trabajo. Cuando alguien lleva mucho tiempo en el mismo puesto puede dejar de crecer y perder la motivación. Nuestro cerebro necesita aprender y para hacerlo requiere nuevos desafíos. Puedes formar un equipo de alto rendimiento optimizando la combinación de curvas de aprendizaje: el 15 % de tus trabajadores debería estar empezando a aprender nuevas habilidades; el 70 %, afinando y practicando sus competencias; y el 15 % restante, alcanzando el dominio total de las mismas. Cuando alguien llegue al tope de una curva de aprendizaje, échale una mano para comenzar otra. Aprender de forma continua es la clave del compromiso.

Adaptado de «How to Lose Your Best Employees», de Whitney Johnson.

No permitas que el perfeccionismo suponga un contratiempo

Pide otros puntos de vista

El perfeccionismo puede ayudarte a entregar un trabajo excelente, pero también es posible que incremente tu ansiedad y reduzca tu productividad. Para mantenerlo a raya, aprende a reconocer cuándo es momento de olvidarte de un asunto y seguir adelante con otras cosas. Una buena estrategia es pedir a un colega de confianza que te ayude a poner la situación en perspectiva. Una vez que tengas un borrador de lo que estés trabajando, muéstraselo a alguien y pregúntale qué necesita para mejorar. Confía en el feedback que te den; quizás una tarea que pensabas que requería diez horas solo necesite cinco. Mantener unos estándares altos está bien, pero no debería impedir que hagas tu trabajo.

Adaptado de «How to Manage Your Perfectionism», de Rebecca Knight.

Sé un ejemplo a seguir en cuanto al descanso

Aunque no logres dormir lo suficiente, debes procurar promover buenos hábitos de descanso entre la plantilla de tu empresa. Recuerda que tus trabajadores te observan y toman ejemplo de lo que consideras importante. Evita presumir de tus noches sin dormir; así no darás a entender que el resto de la gente también debe priorizar menos el sueño. Si necesitas enviar un correo a las 3 de la mañana, haz un envío programado para que el mensaje no se entregue hasta las 8. Si te toca trasnochar por un proyecto, no lo pongas como ejemplo. Si, en cambio, haces del sueño una prioridad, tendrás más éxito como líder e inspirarás mejores hábitos de descanso en tus trabajadores.

Adaptado de «Sleep Well, Lead Better»,
de Christopher M. Barne.

La estrategia no se define en solitario

Al diseñar una nueva estrategia, recuerda que ni tú ni los demás directivos son quienes realmente la ejecutan: serán tus gerentes y tu personal de primera línea quienes lo hagan. Por eso no basta con anunciar nuevos planes y asumir que todo el mundo sabe cuáles son y los respalda. Debes buscar de manera proactiva la opinión y el feedback del personal de la empresa, escuchar sus ideas y preocupaciones. Al fin y al cabo, generar consenso va mucho más allá de decir: «Esto es lo que se debe hacer».

¿Hay algún equipo o grupo del que podrías obtener más aportaciones a la hora de definir la estrategia?

Adaptado de «Is Your Company as Strategically Aligned as You Think It Is?», de Vikas Mittal, Alessandro Piazza y Ashwin Malshe.

Tres situaciones especialmente difíciles

Según una investigación de la empresa de cazatalentos Spencer Stuart, es posible que, como líder, te cueste afrontar estos tres tipos de transiciones:

- **Convertirte en líder.** Quizá no cuentes con la preparación suficiente para el ritmo frenético que tendrás que seguir, o bien te falte una perspectiva estratégica global.
- **Liderar cambios organizativos.** Si no logras reinventarte con la suficiente rapidez, dirigir transformaciones de alto riesgo puede convertirse en un verdadero peligro.
- **Llegar a la cima.** Una vez que alcanzas un puesto por el que has trabajado durante años, igual no tienes claro qué se supone que debes hacer después.

¿Has tenido dificultades con alguna de estas transiciones? ¿Cómo las afrontaste?

Adaptado de «3 Transitions Even the Best Leaders Struggle With», de Cassandra Frangos.

Aprender a aprender

Plantea preguntas básicas

Adquirir nuevos conocimientos de manera rápida y continua es una habilidad que nunca quedará obsoleta. Una buena manera de hacerlo es cultivando una curiosidad insaciable. Incrementa tu disposición a enfrentarte a nuevas situaciones formulando preguntas que pongan de relieve lo que aún no sabes. Por ejemplo, si no tienes claro cómo funciona un proceso o por qué los equipos siguen determinadas pautas, preguntas como *¿por qué...?, ¿cómo...?* o *me pregunto si...* pueden ayudarte a profundizar más en el asunto del que se trate. Piensa que cuando los niños quieren entender algo sueltan una interminable sarta de preguntas de este tipo. Bien, pues haz lo mismo con los temas sobre los que quieras aprender más.

Adaptado de «Learning to Learn»,
de Erika Andersen.

Si tu predecesor era una estrella, sigue siendo tú mismo

Suceder a un líder respetado y de éxito puede resultar intimidante. Pero no intentes copiar la personalidad ni el estilo de tus predecesores. Ser tú mismo o tú misma, sin disculparte por ello, te hará ganarte el respeto de la gente y te evitará comparaciones constantes. Procura proyectar confianza y autenticidad; puedes incluso explicar a tus colegas y subordinados cómo piensas liderar y en qué te diferenciarás del anterior responsable. Con el tiempo, pide feedback de forma regular a personas de confianza para saber cómo estás rindiendo. Pregunta qué estás haciendo bien y en qué podrías mejorar, y emplea esa información para ir haciendo ajustes en tu comportamiento Y si necesitas una mirada externa, un mentor o un coach ejecutivo podrá ofrecerte una visión objetiva sobre tus áreas de mejora.

Adaptado de «How to Succeed When You Have Big Shoes to Fill», de Rebecca Zucker.

10 de septiembre

Desarrolla tus habilidades colaborativas

El sentido de la responsabilidad

Los equipos son sistemas interconectados de preferencias, habilidades, destrezas y perspectivas. Para liderar de forma adecuada esta entidad compleja, debes desarrollar primero tu responsabilidad personal. Esto implica reflexionar sobre cómo reaccionas ante situaciones difíciles, incluyendo seguir patrones poco saludables como culpar a los demás, ponerte a la defensiva o huir de los problemas. También supone identificar de qué manera tus reacciones contribuyen a que surjan o se agraven los conflictos. Para fortalecer tu sentido de la responsabilidad, reconoce cuándo aparece un problema con tus colegas o colaboradores, y actúa con honestidad respecto al papel que has podido jugar en él. Después, asume la responsabilidad de abordarlo. Habla con la otra persona sobre lo que está ocurriendo, cuál es su perspectiva y cómo es posible avanzar de forma constructiva. Si actúas de forma proactiva y mantienes la mente abierta, demostrarás que te has comprometido de verdad con la rendición de cuentas.

Adaptado de «To Improve Your Team, First Work on Yourself», de Jennifer Porter.

¿Cómo quieres que sean tus días?

Al inicio de la carrera profesional, solemos centrarnos en hacer lo necesario para avanzar. Pero a medida que las habilidades y la experiencia abren más opciones, merece la pena preguntarse hasta qué punto tu trabajo actual contribuye a la vida que quieres tener. Piensa en cómo te gustaría emplear tu tiempo, con quién quieres relacionarte y qué te gusta hacer fuera del trabajo. Luego reflexiona sobre si el camino que sigues ahora mismo está alineado con esas prioridades. Si existe una brecha, busca formas de ajustar tus responsabilidades o tu horario; si el desajuste es mayor, quizá sea necesario plantearte un cambio de puesto o incluso de carrera profesional. No retrases estas preguntas: tus años de trabajo, como la vida misma, son finitos.

Adaptado de «6 Questions to Ask at the Midpoint of Your Career», de Rebecca Knight.

El poder de liderar como ser humano

El verdadero poder del liderazgo reside en nuestra capacidad para crear vínculos personales y significativos con las personas a las que lideramos. Como seres humanos que somos, nos impulsan necesidades básicas de sentido, bienestar, conexión humana y el deseo de contribuir de forma positiva a los demás. Los líderes que comprenden de verdad estas necesidades y lideran de tal forma que activan esas motivaciones intrínsecas tienen la clave para generar una lealtad sólida, un mayor compromiso y un mejor rendimiento. Es clave recordar que, como líderes, debemos ser personas antes que directivos.

Adaptado de «Why Do So Many Managers Forget They're Human Beings?», de Rasmus Hougaard, Jacqueline Carter y Vince Brewerton.

13 de septiembre

Moldea la visión de tu empresa

Para ser buen líder, necesitas contribuir a una visión que unifique a la empresa. A menudo se asocia la creación de la visión empresarial con los cargos de mayor responsabilidad, pero lo cierto es que puedes participar de manera activa en ella desde casi cualquier puesto. Por ejemplo, colaborando con los gerentes, traduciendo la misión de la empresa a tu equipo o desarrollando una nueva estrategia para un departamento de atención al público dentro de tu ámbito de actuación. Cualquiera de estas acciones añadirá contenido a tu desarrollo profesional y puede abrirte la puerta a mayores responsabilidades con el paso del tiempo.

¿Qué oportunidades para dar forma a la visión de tu empresa puedes aprovechar ahora mismo?

Adaptado de «You Don't Have to Be CEO to Be a Visionary Leader», de Ron Ashkenas y Brook Manville.

Cómo fomentar el desarrollo de las mujeres

Mejora la compensación y los ascensos

Como líder, sabes que sigue habiendo pocas mujeres en puestos de poder: solo unas cuantas empresas de la lista *Fortune 500* están dirigidas por una mujer, y aún menos por mujeres racializadas. Una forma de reducir estas barreras que entorpecen su ascenso es igualar las reglas del juego en materia de sueldo y ascensos. Comunica a las candidatas cuándo las ofertas salariales son negociables, ya que las mujeres son menos propensas que los hombres a negociar si no está claro que pueden hacerlo. Por otro lado, incluye los salarios medios en las ofertas de empleo para dar más información desde el principio. Y basa las decisiones de ascenso en datos y hechos sobre el rendimiento real de las personas, no en la iniciativa propia; este último enfoque suele favorecer a los hombres, ya que las mujeres que se muestran ambiciosas pueden sufrir rechazo o ser penalizadas.

Adaptado de «How to Close the Gender Gap»,
de Colleen Ammerman y Boris Groysberg.

15 de septiembre

Mejora la planificación de relevos

Replantea tu proceso de relevos

La planificación de los relevos en cargos directivos es un proceso complejo y a la vez fundamental para el éxito a largo plazo de tu empresa. Muchas grandes compañías no le prestan la atención que merece, y eso tiene un coste elevado. Los procesos de sucesión mal diseñados provocan una rotación excesiva entre altos directivos y destruyen un valor significativo tanto para las empresas como para las carteras de inversión. ¿En cuánto se traduce? Según una investigación llevada a cabo por un equipo de la Harvard Business School, la Universidad Middle Tennessee State y el Tennessee Consolidated Retirement System, las transiciones mal gestionadas de CEO y equipos C-suite en el S&P 1500 hacen perder cerca de un billón de dólares al año en valor de mercado. En cambio, los investigadores estiman que, con una mejor planificación de la sucesión, la valoración de las empresas y los retornos para los inversores serían entre un 20 y un 25 % más elevados.

¿Está tu equipo directivo pensando con seriedad en cómo abordar una transición eficaz?

Adaptado de «The High Cost of Poor Succession Planning», de Claudio Fernández-Aráoz, Gregory Nagel y Carrie Green.

Mantén el equilibrio entre la intuición y el análisis

Uno de los planteamientos más adecuados para tomar decisiones consiste en partir de tu experiencia y después confiar en tu intuición para elegir la mejor opción. Otro, muy extendido, es analizar y basar las decisiones sobre todo en los datos. Ambos métodos deben mantenerse equilibrados: si sobrevaloras la intuición, puedes acabar tomando decisiones basadas en informaciones desactualizadas o sesgadas; pero si das demasiado peso a los datos corres el riesgo de ignorar tu «brújula interior», que puede aportarte información valiosa, fruto de la experiencia acumulada.

¿Cómo puedes equilibrar mejor tus lados intuitivo y analítico para tomar buenas decisiones?

Adaptado de «Every Leader Needs to Navigate These 7 Tensions», de Jennifer Jordan, Michael Wade y Elizabeth Teracino.

Rompe con los hábitos que limitan tu carrera

Cambia tu planteamiento

Todo el mundo tiene algún hábito que frena su carrera, como procrastinar o mirar el móvil cuando debería escuchar a los demás. Pero, según los estudios de *Crucial Learning*, quienes logran superar los malos hábitos son capaces de controlar las circunstancias que los alimentan. Una forma de hacerlo es replanteando tus elecciones. Si en lugar de decir «no *voy a* hacer [tu mal hábito, sea el que sea]», dices «no *puedo* hacer eso», es posible que te sientas más capaz de resistirlo. O si, en vez de decir «*tengo que* afrontar esto» ante una situación difícil, te preguntas «¿por qué *quiero* afrontar esto?», es posible que incentives tu motivación. Usar palabras y expresiones distintas sirve para reconfigurar tu forma de pensar sobre los retos.

Adaptado de «Trick Yourself into Breaking a Bad Habit», de Joseph Grenny.

Desarrolla hoy las habilidades del mañana

Al preparar a tu equipo para el futuro deberás perfeccionar (*upskilling*) y reconvertir (*reskilling*) sus habilidades, pero también capacitar el talento para el futuro (*preskilling*), reinventando carreras incluso antes de saber qué habilidades serán necesarias el día de mañana. Cinco formas de aplicar el *preskilling*:

- Enfócate en el potencial, no solo en los éxitos pasados.
- Ayuda a tu equipo a comprender de qué forma sus intereses, habilidades y talentos pueden ser valiosos en el futuro.
- Amplía sus competencias, no te limites a optimizar o fortalecer lo que ya saben hacer.
- Desarrolla las habilidades blandas de los mandos intermedios.
- Invierte en líderes que inspiren, motiven y fomenten la colaboración.

¿Cómo puedes usar el *preskilling* para formar a tu personal?

Adaptado de «5 Ways to Develop Talent for an Unpredictable Future», de Tomas Chamorro-Premuzic.

¿Qué hace la gente con éxito?

Desarrolla tu fuerza de voluntad

¿Por qué algunas veces tienes éxito y otras no? Incluso las personas más brillantes y exitosas suelen tener dificultades para entender por qué triunfan o fracasan. Sin embargo, según décadas de investigación sobre cómo se alcanzan las metas, quienes tienen éxito llevan a cabo ciertas acciones de manera distinta. Una de ellas es desarrollar la fuerza de voluntad. Con el tiempo, afrontar desafíos que de verdad resulten difíciles y no tirar la toalla fortalecerá tu *músculo* del autocontrol. Comienza con una sola actividad y planifica cómo afrontarás los obstáculos (por ejemplo: «Si tengo ganas de tomarme un aperitivo, me comeré una pieza de fruta»). Al principio será difícil, pero a medida que tu fuerza de voluntad aumente podrás asumir retos mayores.

Adaptado de «Nine Things Successful People Do Differently», de Heidi Grant.

20 de septiembre

¿Sabes de verdad lo que espera tu jefe?

Quien asume que sabe lo que su jefe espera de él o ella tendrá problemas. Por supuesto, algunos líderes expresan sus expectativas de manera muy explícita y detallada, pero la mayoría no lo hace. Y aunque muchas empresas cuentan con sistemas que ayudan a comunicar las expectativas (como procesos formales de planificación o evaluaciones de rendimiento), estos nunca funcionan a la perfección. Al final, la responsabilidad de averiguar cuáles son las expectativas del jefe recae en cada trabajador. Y estas condiciones pueden ser generales (por ejemplo, sobre qué tipo de problemas quiere tener información) o muy específicas (por ejemplo, cuándo debe finalizarse un proyecto concreto y qué información necesita mientras tanto). Los responsables realmente eficaces encuentran formas de obtener esa información».

Adaptado de «Managing Your Boss»,
de John J. Gabarro y John P. Kotter.

21 de septiembre

Cómo evitar las dimisiones

No ignores la seguridad psicológica

Perder a un miembro del equipo afecta a la moral y a la productividad, y reemplazar a quienes se marchan es, además, caro. Uno de los errores que puede provocar que la gente se vaya de la empresa es no generar un ambiente de confianza y empoderamiento. Los miembros de la plantilla que no sienten la suficiente seguridad psicológica cuentan con una menor propensión a asumir riesgos o a participar en conflictos saludables; quienes sí lo hacen tienden más a la productividad y la innovación. Por eso, demuestra a tu equipo tu apertura a nuevas ideas. Plantea preguntas antes de dar respuestas y agradece los comentarios que recibas. Ten en cuenta todos los puntos de vista durante las sesiones de lluvia de ideas y deja claro que no hay respuestas incorrectas. Y muestra siempre humildad: reconoce tus errores y haz saber al equipo que no pasa nada si se equivocan.

Adaptado de «8 Things Leaders Do That Make Employees Quit», de Jon Christiansen.

Preguntas para uno mismo

¿Quién me sucederá?

A lo largo de tu carrera profesional, plantearte con regularidad ciertas preguntas puede ser de gran ayuda para no perder el rumbo hacia tus metas u objetivos. Una de ellas es: ¿has identificado a posibles sucesores? En cierto sentido, el objetivo del liderazgo es formar a alguien que algún día pueda ocupar tu lugar. Para lograrlo, es necesario delegar tareas importantes y asignar proyectos desafiantes que fomenten el crecimiento de esa persona. Esto también es crucial en otro sentido, porque quienes no obtienen oportunidades de desarrollo presentan una mayor tendencia a irse. ¿Estás retando y formando a los miembros de tu equipo más capacitados para el futuro?

Adaptado de «What to Ask the Person in the Mirror», de Robert Steven Kaplan.

El poder persuasivo de la autoridad

La gente tiende a dejarse convencer con mayor facilidad por alguien que posee una gran experiencia. Por eso, si necesitas convencer a alguien, uno de los enfoques más eficaces es expresar tu conocimiento sobre el tema en cuestión. Por ejemplo, en una reunión con un posible cliente podrías mencionar con brevedad tu formación y experiencia. Hacerlo al inicio de la conversación ofrece un argumento que respaldará tu perspectiva. O bien, en una cena con clientes, podrías contar una anécdota sobre cómo resolviste un problema relevante o explicar cómo desarrollaste una habilidad determinada. No importa de qué modo lo hagas, solo integra tu experiencia en la conversación de manera natural, evitando presumir.

Adaptado de «Harnessing the Science of Persuasion», de Robert B. Cialdini.

Introduce la empatía en la cultura corporativa

La empatía puede mejorar la colaboración y el clima laboral, además de reducir los niveles de estrés de la gente. Para integrarla en la cultura de tu empresa empieza por preguntarte si encaja o entra en conflicto con las normas existentes. Por ejemplo, si tu cultura corporativa premia los comportamientos agresivos, fomentar una mayor sensibilidad hacia las perspectivas y emociones ajenas puede resultar complicado. A continuación, piensa en cómo destacar los comportamientos que quieres promover. Así, cada vez que detectes muestras de empatía en el trabajo, reconócelas en público para dar ejemplo. También conviene identificar a las personas *conectoras* (aquellas que, de forma natural, fortalecen la cohesión del equipo) e involucrarlas más. Los nuevos valores se difunden con mayor facilidad cuando hay iniciativas desde distintos niveles.

Adaptado de «Making Empathy Central to Your Company Culture», de Jamil Zaki.

25 de septiembre

Tu personal quiere aprender nuevas habilidades

Es difícil conformar una plantilla para el futuro cuando no tienes la certeza de cómo será. ¿Cuáles serán las competencias clave? ¿Cómo seleccionarás a las personas adecuadas? ¿Qué harás con la gente que se está quedando atrás? Los trabajadores cuyos puestos de trabajo tienden a desaparecer, ¿saben lo que les espera? En realidad, nadie suele compartir esta sensación de ansiedad. Según una encuesta global lanzada por investigadores de la Harvard Business School y el Boston Consulting Group, mucha gente está más dispuesta a abrazar los cambios y aprender nuevas habilidades de lo que imaginas.

¿Qué suposiciones das por buenas sobre las intenciones de tu personal para desarrollar nuevas competencias?

Adaptado de «Your Workforce Is More Adaptable Than You Think», de Joseph Fuller, Judith K. Wallenstein, Manjari Raman y Alice de Chalendar.

No te aferres al *statu quo*

Quienes acaban de asumir un cargo directivo suelen fracasar, al menos al principio, porque tienen ideas erróneas sobre lo que significa ejercer el liderazgo. Uno de estos mitos es creer que tu principal reto consiste en que todo funcione sin sobresaltos. Pero parte de tu trabajo es identificar e impulsar cambios que mejoren el rendimiento de tu equipo, y eso a veces implica cuestionar procesos o estructuras organizativas. Si existen sistemas defectuosos que están frenando al equipo, no esperes a que otra persona resuelva el problema: recurre a tu red interna y tu autoridad informal para promover los cambios que tu equipo necesite de cara a tener éxito. Adoptar esta visión más amplia de tus responsabilidades te beneficiará a ti y también a tu equipo y a la empresa.

Adaptado de «Becoming the Boss»,
de Linda A. Hill.

27 de septiembre

La claridad en los cambios estratégicos

«Demasiadas personas encargadas de ejecutar cambios estratégicos admiten que sus líderes no fueron lo bastante claros sobre qué pretendían lograr con el cambio ni sobre lo que este implicaba. Al parecer, hay dos razones principales para ello. En primer lugar, con demasiada frecuencia, los líderes expresan lo que quieren en términos de tareas en lugar de resultados. Y, en segundo lugar, rara vez dejan claro el alcance real del cambio que están pidiendo».

Cuando lideras iniciativas estratégicas, ¿cómo podrías actuar con más claridad respecto a tus expectativas?

Adaptado de «How to Communicate Clearly During Organizational Change», de Elsbeth Johnson.

Sé un líder visionario... ahora mismo

Quizá pienses que solo los CEO o, como mínimo, los directivos de alto nivel tienen que ser líderes visionarios. Sin embargo, el liderazgo visionario también es fundamental si eres mando intermedio, ya que juegas un papel clave en la ejecución del cambio estratégico a cualquier nivel. Tu capacidad para inspirar a tu equipo y fomentar la alineación estratégica (la comprensión y el compromiso compartidos con la estrategia global de la compañía) resulta esencial para apoyar y llevar a cabo los planes a largo plazo de la empresa.

¿Qué pasos puedes dar para desarrollar tu capacidad de transmitir la visión de la empresa?

Adaptado de «Why Visionary Leadership Fails», de Nufer Yasin Ates, Murat Tarakci, Jeanine P. Porck, Daan van Knippenberg y Patrick Groenen.

Qué más puedes aprender

Algo que te apasione

Los grandes líderes nunca dejan de aprender, pero ¿cómo puedes saber cuál es la siguiente habilidad que deberías desarrollar? Una opción es elegir algo que te entusiasme. A lo largo de tu carrera hay muchas cosas que aprender, así que, si alguna te resulta particularmente interesante, empieza por ahí. Por ejemplo, si este año has identificado dos habilidades que quieres desarrollar (digamos que son la arquitectura de procesos y la mejora de tu capacidad de dirección organizativa) y la primera te atrae más, busca un curso de formación sobre ese tema. Eso sí, recuerda que el hecho de que un asunto sea menos estimulante no significa que no sea importante; puedes motivarte para estudiarlo imaginando cómo te ayudará a ti, cómo contribuirá al trabajo de tu equipo o de qué puede servirte en el futuro.

Adaptado de «How to Decide What Skill to Work On Next», de Erika Andersen.

Etapas de siete años

Para manejar mejor las transiciones profesionales, intenta dividir tu vida en períodos de siete años. Piensa en los hitos y aprendizajes de cada etapa, incluyendo quién eras cuando empezó y cuando terminó cada una. Considera también los retos y tropiezos de cada período, y cómo influyeron en tu identidad. Fragmentar tu vida de esta manera puede darte un sentido de progresión: estás empezando algo, estás en medio del proceso o te acercas a un cierre. Además, te ayudará a sobrellevar el cambio con mayor solidez, porque te permitirá percibir la evolución de los trabajos, las etapas vitales o las relaciones. Así, cuando se produzcan giros importantes, ese modelo mental te dará perspectiva y contexto para mantener los pies en la tierra.

¿Cuáles han sido hasta ahora los hitos y aprendizajes de tus períodos de siete años?

Adaptado de «Learn to Get Better at Transitions», de Avivah Wittenberg-Cox.

1 de octubre

Responde a las críticas como un líder

Como líder, has de saber cómo tomarte bien las críticas. Una buena estrategia es anticipar posibles respuestas, y así tener algo preparado cuando la situación lo requiera. Puede ser simplemente: «Gracias por compartir tu punto de vista. Me gustaría considerarlo con más calma y hablar contigo más adelante». Otra estrategia útil es recordar que la crítica puede estar dirigida al cargo que ocupas y no a ti de forma personal. Si eres responsable de producto, por ejemplo, podrías no estar de acuerdo con la persona responsable de ventas porque cada cual tenga distintas prioridades; esas tensiones suelen existir con independencia de quién ocupe el puesto. Tomar distancia de la crítica te ayudará a reflexionar sobre lo que te han dicho y a entender qué hay detrás del comentario.

Adaptado de «How to Take Criticism Well»,
de Sabina Nawaz.

No frenes a tus pupilos

En una relación de mentoría, es fundamental ser consciente del poder que se ejerce. Traspasar ciertos límites, incluso de manera involuntaria, puede traer consecuencias negativas tanto para tu trayectoria profesional como para la de tu pupilo. Así que ten cuidado con las siguientes actitudes y conductas:

- Atribuirte el mérito de las ideas de tus pupilos o arrebatarles el liderazgo en sus propios proyectos.
- Insistir en que tus pupilos se centren siempre en avanzar en tus proyectos en lugar de en desarrollar los suyos.
- Atar a tu pupilo a tu agenda y frenar su progreso.
- Desalentar a tus pupilos de buscar otros mentores, lo cual quizá satisfaga tu ego, pero limitará su aprendizaje y sus posibilidades de reconocimiento.
- No intervenir a tiempo cuando tus pupilos cometan errores que puedan perjudicarles.

Adaptado de «6 Things Every Mentor Should Do», de Vineet Chopra y Sanjay Saint.

Resuelve situaciones complejas con una sola pregunta

Ejercer de líder implica tomar decisiones difíciles todo el tiempo. Es natural querer analizar los problemas desde todos los puntos de vista posibles, pero si lo haces te arriesgas a bloquearte pensando en las posibles consecuencias de cada alternativa, y sentir que cualquier opción tendrá desventajas puede resultar paralizante. Cuando te veas en esta situación, una simple pregunta te ayudará a aclarar tus ideas: ¿qué es lo mejor para la empresa? Sobre todo cuando te enfrentes a decisiones que tengan que ver con otros trabajadores, detenerte a analizar el panorama global guiará tus elecciones.

¿En qué situaciones puede ayudarte a tomar una decisión adoptar una perspectiva más amplia?

Adaptado de «The Leap to Leader»,
de Adam Bryant.

La historia de tu vida es la clave de tu autenticidad

Saber quién eres y de dónde vienes es crucial para ser una persona auténtica. Si quieres reflexionar sobre tu autenticidad, piensa en tu historia y en los momentos y personas que han dado sentido a tu vida. Acuérdate tanto de lo bueno (quizá tus padres, mentores, logros importantes o ascensos) como de lo malo (jefes controladores, personas narcisistas, enfermedades o despidos). A los líderes natos les suelen motivar las dificultades: son capaces de mirar los obstáculos desde un punto de vista que los empuje a superarlos y a reafirmar su pasión por el liderazgo.

¿Qué personas y experiencias han influido más en tu vida y en tu manera de liderar?

Adaptado de «Discovering Your Authentic Leadership», de Bill George, Peter Sims, Andrew N. McLean y Diana Mayer.

Saber perder

Comparte el dolor

Tu objetivo es alcanzar tus metas. Pero nadie tiene éxito de forma permanente. Por eso debes aprender a perder. Una manera adecuada de hacerlo es siendo capaz de expresar tus emociones negativas. Perder puede generar desilusión, frustración o tristeza, ya sea en un equipo o en una empresa entera. Por eso has de animar a los miembros de tu equipo a hablar de cómo se sienten, e incluso a compartir historias sobre fracasos profesionales pasados que ayuden a todo el mundo a tomar perspectiva.

Cuando no sentimos la presión de tener que ganar siempre se crea un ambiente psicológico seguro que fomenta la colaboración, la innovación y la productividad. Los momentos difíciles unen a las personas: no pases por alto el valor de esta práctica.

Adaptado de «Good Leaders Lose with Grace»,
de Tim Leberecht.

6 de octubre

Cómo tomar decisiones en una reunión

En las reuniones, cuando no está claro quién está a cargo de tomar las decisiones y de qué manera, el ambiente puede enrarecerse. Así que es importante dejar claras las reglas desde el principio. Por ejemplo, suele ser buena idea proponer que se dediquen treinta minutos a debatir y después votar, y, en caso de que no se llegue a ningún acuerdo, dejar el asunto en manos de alguien con un cargo directivo. O bien, si hay un directivo presente, establecer que este sea quien tome la decisión final. Recuerda también dejar claros otros detalles, como si alguien tiene poder de veto. Si la decisión se toma mediante votación, ¿se necesita alguna mayoría específica, como por ejemplo dos tercios? Sea cual sea el método elegido, recuerda dejarlo bien claro antes de entrar en materia.

Adaptado de «A Good Meeting Needs a Clear Decision-Making Process», de Bob Frisch y Cary Greene.

7 de octubre

Si quieres inspirar a los demás, céntrate

Los líderes que inspiran son quienes utilizan sus fortalezas para motivar a personas y equipos a asumir retos ambiciosos y les hacen responsables de los resultados. Logran un mejor rendimiento empoderando a sus trabajadores, en lugar de recurrir al control y la imposición. Aunque existen muchas cualidades que ayudan a un líder a resultar inspirador, nuestra investigación muestra que una de ellas destaca entre las demás: la capacidad para mantenerse en una actitud centrada. Esto implica un estado de atención plena que permite conservar la calma en situaciones de estrés, mostrar empatía, escuchar y estar presente de verdad.

¿Cómo haces para centrarte incluso cuando el trabajo se vuelve caótico?

Adaptado de «How to Be an Inspiring Leader»,
de Eric Garton.

8 de octubre

Deja que los miembros de tu equipo procesen los cambios

Cuando los líderes anuncian algún cambio a su equipo, a menudo intentan disipar con rapidez las dudas o el escepticismo que puedan surgir, confiando en que terminarán aceptando el cambio. Pero recuerda que quizá tu hayas tenido semanas o incluso meses para meditar la decisión, mientras que para tu equipo es algo nuevo. Es normal que surjan preguntas y que se preocupen por el modo en que el cambio en cuestión afectará a su trabajo. Permite, pues, que se expresen, pídeles de forma respetuosa que te comenten sus inquietudes y explícales cómo les afectará la decisión. Y no lo veas como una *resistencia*: cuando la gente se siente escuchada y acompañada es mucho más probable que apoye el cambio y contribuya a su éxito.

Adaptado de «Change Is Hard. Here's How to Make It Less Painful», de Erika Andersen.

Cuándo debes dejar de hablar y empezar a escuchar

Como líder, necesitas hablar con frecuencia para orientar y dirigir a tus trabajadores. Pero si hablas demasiado puedes terminar acaparando las conversaciones y silenciando perspectivas distintas a la tuya. Para evitarlo, procura escuchar tanto como hablas. Cuando alguien plantee una pregunta en una reunión, anima a otros a opinar antes de hacerlo tú. De este modo, todo el mundo se sentirá incluido y valorado. También puedes organizar reuniones con cada miembro de tu equipo para promover una comunicación más honesta e individualizada. Pregunta a tu personal qué quiere, qué necesita y qué le preocupa, y cuando alguien empiece a hablar, guarda silencio. Te sorprenderá lo mucho que se aprende escuchando.

Adaptado de «Don't Be the Boss Who Talks Too Much», de Hjalmar Gislason.

Preguntas para uno mismo

¿Soy fiel a mí?

A lo largo de tu carrera profesional, plantearte con regularidad ciertas preguntas puede ser de gran ayuda para no perder el rumbo hacia tus metas u objetivos. Una de estas preguntas es: ¿tu manera de liderar está en sintonía con la persona que eres en realidad? Está bien inspirarte en líderes que admiras, pero tu estilo debe ser personal y auténtico. Además, conforme asumes puestos de mayor responsabilidad, surgirán nuevos retos a los que prestar atención; por ejemplo, ser consciente de si eres lo bastante firme o si, por el contrario, evitas dar feedback negativo con tal de proteger la imagen de tu equipo. ¿En qué medida tu estilo de liderazgo es un reflejo de tus habilidades, tus valores y tu personalidad?

Adaptado de «What to Ask the Person in the Mirror», de Robert Steven Kaplan.

Cómo tener una mentalidad abierta

Tener la mente abierta en el trabajo (ante nuevos productos, estrategias, modelos de negocio u otros factores) es una de las claves para el éxito. Existen varias maneras de desarrollar esta habilidad. Aquí tienes algunas sugerencias:

- **Viaja.** Conocer distintas culturas y formas de vivir mejorará la capacidad de tu cerebro para aceptar nuevos enfoques o ideas.
- **Lee ficción.** Las novelas fomentan la curiosidad por las experiencias, perspectivas y opiniones de otras personas.
- **Prueba el mindfulness.** Se ha demostrado que una práctica regular de meditación consciente ayuda a cuestionar y replantear las propias creencias.
- **Cuando vayas a dar tu opinión, empieza diciendo: «Puede que me equivoque, pero...».** Decir esto demuestra una actitud abierta y la disposición a cambiar de opinión si es necesario.

Adaptado de «A New Way to Become More Open-Minded», de Shane Snow.

Analiza fracasos y éxitos al mismo tiempo

Es normal querer analizar por qué algo salió mal y tratar de identificar patrones. Pero también existen patrones comunes en el éxito. Por eso conviene analizar fracasos y éxitos en conjunto y detectar qué medidas correctivas funcionan de verdad. Por ejemplo, imagina que un grupo de trabajadores que no alcanza los objetivos de un proyecto no ha utilizado la herramienta de gestión del flujo de trabajo en equipo. Quizá pienses que la solución es simple: deberían utilizar esa herramienta. Pero ¿qué pasaría si otro grupo completa el trabajo con éxito y resulta que tampoco la usaba demasiado? Antes de invertir en soluciones, herramientas o formación, vale la pena examinar con detalle cuál ha sido la verdadera causa de un fracaso.

Adaptado de «Don't Learn the Wrong Lessons from Failure», de Emre Soyer y Robin M. Hogarth.

No confundas tranquilidad con falta de pasión

Quienes muestran entusiasmo de forma visible (tienen una actitud animada, interactúan con intensidad con sus colegas, etc.) suelen recibir más apoyo de sus jefes y se les ve como personas con un alto potencial. Pero si asumes que los individuos más tranquilos sienten menos pasión por su trabajo, estarás minusvalorando sus contribuciones. El entusiasmo se manifiesta de muchas formas, y algunas son más difíciles de observar: actuando con detalle y cuidado, dedicando tiempo extra a un proyecto o profundizando en algún aspecto clave del trabajo. Por eso, en lugar de tomar las grandes muestras de entusiasmo como sinónimo de compromiso, céntrate en la calidad del trabajo resultante. Que alguien se exprese de manera diferente no significa que le importe menos lo que hace.

Adaptado de «Stop Assuming Introverts Aren't Passionate About Work», de Kai Krautter, Anabel Büchner y Jon M. Jachimowicz.

14 de octubre

Tu estado de ánimo influye de forma directa en los resultados

Varios estudios de los ámbitos de la neurología, la psicología y el liderazgo han hallado que el estado de ánimo de los líderes es contagioso y se propaga, rápida e inexorablemente, entre los trabajadores. Así pues, dado que tu humor y comportamiento resultan tan determinantes en el rendimiento ajeno, una de tus tareas clave ha de ser liderar desde lo emocional. No basta con mantener una actitud optimista, enérgica y honesta; también debes inspirar a tus trabajadores para que se comporten del mismo modo. Los resultados económicos dependerán de cómo gestiones tu mundo interior para provocar una cadena de reacciones emocionales y conductuales que sea satisfactoria.

¿Cómo puede mejorar la gestión de tu estado emocional esta semana? ¿Y este mes? ¿Y este año?

Adaptado de «Primal Leadership: The Hidden Driver of Great Performance», de Daniel Goleman, Richard E. Boyatzis y Annie McKee.

Cuando el trabajo es abrumador

Cambia tu comportamiento

Cuando tienes demasiadas tareas pendientes, es posible que experimentes ansiedad cada vez que no estás trabajando. Pero una lista interminable de tareas no tiene por qué abrumarte. Una buena estrategia para gestionar el estrés es actuar como si estuvieras en una situación de relax. Desde el punto de vista psicológico, cambiar el propio comportamiento influye de forma directa en cómo nos sentimos. Por eso, pregúntate: «Si no sintiera tanto agobio por exceso de trabajo, ¿qué haría?». Aunque ahora te parezca imposible, quizá te irías a comer tranquilamente para desconectar un rato. Identifica qué cambios puedes llevar a cabo... y hazlos. Tomártelo con más calma te ayudará a reducir tu nivel de estrés.

Adaptado de «5 Things to Do When You Feel Overwhelmed by Your Workload», de Alice Boyes.

Para organizar mejor las reuniones, formula preguntas

Las reuniones necesitan una buena estructura para que no se pierda el foco, pero no siempre es fácil saber cuál es la mejor forma de abordar los puntos del orden del día. Nuestra recomendación es que, en lugar de limitarte a enumerar los temas, intentes formular preguntas que el grupo pueda resolver en conjunto. Por ejemplo, «problemas de presupuesto» podría convertirse en «¿cómo podemos reducir el gasto en 100.000 dólares este año?». Y «tiempos de respuesta al cliente» en «¿cómo podemos reducir los tiempos de respuesta un 25 %?». Hacer esta clase de preguntas te ayudará a obtener los resultados deseados y facilitará decidir quién debe estar en cada reunión, es decir, las personas que tengan el conocimiento necesario para responderlas. Pensar preguntas cuando elaboras el orden del día también te ayudará a saber cuándo hay que cerrar la reunión: una vez que todas se hayan respondido.

Adaptado de «How to Create the Perfect Meeting Agenda», de Steven G. Rogelberg.

Escribe como un ser humano, no como una empresa

Un texto claro y atractivo invita a seguir leyendo; uno rígido y distante provoca el efecto contrario. Siempre que escribas algo, intenta sonar como un ser humano y no como una empresa o una inteligencia artificial. ¿Cómo se puede lograr? Bien, en primer lugar, utiliza la primera persona siempre que puedas, porque transmite cercanía y genera interés («conseguí...» o «conseguimos...», en lugar de «la empresa consiguió...»). Por otro lado, no tengas miedo de iniciar las frases con imperativos («consíguelo», «apúntate», etc.) o con conectores («y», «pero» u «o»): en realidad, así es como hablamos en la vida real. Leer tu texto en voz alta también es una buena forma de detectar un lenguaje demasiado formal y rebajar el tono. Si algo te suena forzado, lo mismo les ocurrirá a tus lectores.

Adaptado de «Writing About Business (Without Being a Bore)», de Mike Reed.

Crea un entorno seguro para que la gente se exprese

Un entorno psicológicamente seguro hace que los equipos rindan al máximo. Para generarlo, empieza por lo fundamental: define normas y expectativas claras, promueve una comunicación abierta, escucha de forma activa, muéstrate humilde y aprecia que los demás expresen sus ideas o inquietudes. Después, ve más allá: genera un ambiente donde la gente se atreva a dar su opinión. Explícales por qué necesitas conocer su punto de vista, por qué sus aportaciones son valiosas y cómo influirán en los resultados del trabajo. Además, conviene que menciones las desventajas de que no compartan su perspectiva; por ejemplo, una menor creatividad colectiva. Para la mayoría de la gente, permanecer en silencio parece la opción más segura, y tienes que tratar de contrarrestar este instinto.

Adaptado de «What Is Psychological Safety?»,
de Amy Gallo.

¿Cuál es tu estilo de liderazgo?

Coaching

Tu estilo de liderazgo es determinante para la empresa. Y uno de los que ejercen mayor impacto positivo, tanto en el ambiente laboral como en los resultados empresariales, es el de coaching. Los líderes que utilizan el coaching ayudan a sus trabajadores a reconocer sus fortalezas y debilidades, y a utilizarlas en pro de sus metas profesionales y personales. De este modo les impulsan a fijar objetivos a largo plazo, les proporcionan feedback constante y les asignan proyectos que supongan un reto para potenciar su crecimiento. Este enfoque funciona especialmente bien cuando el personal es consciente de sus debilidades y entiende que desarrollar nuevas habilidades le ayudará a mejorar. Pero es menos eficaz cuando se aplica a personas que muestran resistencia al cambio. Como líder, te conviene reflexionar sobre qué enfoque requiere cada situación y evaluar si tu estilo de liderazgo está dando resultado o necesitas hacer algún ajuste.

Adaptado de «Leadership That Gets Results»,
de Daniel Goleman.

Presenta los datos de forma clara

Tener buenos datos no es suficiente para que una presentación sea eficaz: necesitas organizarlos y etiquetarlos para que se entiendan con facilidad. Emplea un lenguaje preciso para identificar los elementos de tus gráficos (ejes, barras, líneas) y evita etiquetas ambiguas o abreviaturas poco claras. No asumas que tu público recordará el contenido de las diapositivas previas. Sustituye también los títulos genéricos por otros más concretos y fáciles de recordar: por ejemplo, en lugar de «Preferencias de los mileniales», escribe «Los mileniales prefieren el móvil», para así subrayar la idea principal. Por último, destaca las ideas fundamentales mediante resaltes tipográficos, y refuérzalas también en tu discurso.

Adaptado de «Present Your Data Like a Pro»,
de Joel Schwartzberg.

Desarrolla tu coraje emocional

Parte de tu responsabilidad como líder implica afrontar situaciones incómodas, como abordar conversaciones difíciles con tu equipo. Para mejorar la gestión de tales situaciones debes desarrollar tu coraje emocional. Piensa en un aspecto de tu liderazgo que te gustaría mejorar (el feedback, la escucha activa, la comunicación honesta...) y practícalo en un contexto de bajo riesgo. Por ejemplo, si detectas un error en la factura de tu móvil, aprovecha para practicar la comunicación directa: llama al servicio de atención al cliente y expón tu problema de manera clara y concisa. Observa entonces tus reacciones automáticas (¿pierdes la paciencia? ¿das marcha atrás?) y trata de resistir tus impulsos. A base de práctica conseguirás reaccionar de la manera en que te gustaría.

Adaptado de «To Develop Leadership Skills, Practice in a Low-Risk Environment», de Peter Bregman.

Desarrolla tu agilidad de aprendizaje

Reflexiona

Según los estudios de Korn Ferry, si te basas en los mismos supuestos y patrones de conducta a los que has recurrido durante años como líder, corres el riesgo de estancarte, rendir por debajo de tu potencial o salirte del rumbo que te has marcado. La solución consiste en desarrollar la agilidad de aprendizaje, esto es, la capacidad para aprender de manera rápida y continua. Una forma de hacerlo es dedicar tiempo a la reflexión. Diversos estudios académicos han demostrado que reflexionar de manera regular sobre las experiencias laborales potencia de forma significativa el aprendizaje. Si quieres mejorar, hazte preguntas como «¿qué puedo aprender de esta experiencia?» o «¿qué no ha salido como esperaba?». Al fomentar la reflexión no solo aprenderás tú, sino que fomentarás este hábito en tu equipo.

Adaptado de «4 Ways to Become a Better Learner», de Monique Valcour.

23 de octubre

¿El personal directivo comparte la misma estrategia?

Quizá pienses que la cúpula directiva de tu empresa comparte y entiende la estrategia general. Pero ¿lo sabes seguro? Muchos directivos dan por hecho que los mandos intermedios y los responsables de atención al cliente están convencidos de la estrategia y no se aseguran de que así sea. El alineamiento estratégico no es algo que se logre de una vez: requiere un diálogo constante sobre las prioridades de la empresa. El personal directivo solo se comprometerá de verdad con la estrategia cuando de verdad comprenda su valor.

¿Qué estás haciendo tú para generar y mantener el alineamiento estratégico entre el personal directivo de tu empresa?

Adaptado de «Why Visionary Leadership Fails», de Nufer Yasin Ates, Murat Tarakci, Jeanine P. Porck, Daan van Knippenberg y Patrick Groenen.

No fabricas productos, satisfaces las necesidades de clientes

El objetivo principal de cualquier empresa debe ser conseguir clientes y satisfacerlos. La labor del personal directivo no se limita a fabricar un producto, sino que debe proporcionar satisfacción y valor a la clientela. Esta idea ha de impregnar cada área de la empresa y reforzarse de forma constante con la energía necesaria para inspirar y movilizar a la plantilla. De lo contrario, la compañía acabará siendo un conjunto de departamentos aislados, sin un propósito común ni una dirección clara. Una empresa no debe concebirse como una mera productora de bienes y servicios, sino como una captadora de clientes que hace todo lo necesario para que la elijan.

Adaptado de «Marketing Myopia»,
de Theodore Levitt.

25 de octubre

No te conviertas en víctima de tu propio éxito

Invita al desacuerdo

Si quieres seguir rindiendo al máximo, debes superar los escollos que surgen con el éxito. Uno de ellos es acostumbrarte a que nadie te cuestione ni te desafíe. Los líderes de éxito suelen rodearse de personas que rara vez les contradicen. Pero, si todo el mundo está siempre de acuerdo contigo y no tienes en cuenta otros puntos de vista, corres el riesgo de sobreestimar tus capacidades. Y entonces, si algún colega o un directivo de rango superior considera que alguna de tus propuestas no es lo bastante sólida, puede resultarte difícil defenderla.

¿Qué haces para tener en cuenta diferentes perspectivas en el trabajo?

Adaptado de «Want to Change the World? Don't Let Your Own Success Get in the Way», de Rosabeth Moss Kanter.

Anima a tu equipo a tomarse vacaciones

Descansar es bueno para la productividad, así que si tus trabajadores no están aprovechando todos sus días de vacaciones, anímales a hacerlo. Predica con el ejemplo: tómate tú unas vacaciones, habla de ello y evita enviar correos de trabajo mientras estás fuera. También conviene adaptarse a las preferencias del personal sobre el descanso: quizá haya quien prefiera una semana completa de vacaciones, mientras que otros opten por pausas más cortas, como un día o una tarde de vez en cuando. Por último, convierte las vacaciones en un esfuerzo colectivo, fomentando que el equipo comparta las tareas y se cubra mutuamente. Cuando más fácil sea desconectar, más probable será que la gente lo haga.

Adaptado de «Managers, Encourage Your Team to Take Time Off», de Sabina Nawaz.

Cómo evitar las dimisiones

No crees entornos demasiado seguros

Perder a un miembro del equipo afecta tanto a la moral como a la productividad, y reemplazar a quienes se van resulta costoso. Un error que puede fomentar la marcha de tus trabajadores es crear un entorno laboral *demasiado* cómodo o seguro. Un nivel moderado de presión favorece el rendimiento; en cambio, si la exigencia es demasiado baja la gente puede rendir peor y tener menos propósito y compromiso. Por eso, aunque es importante generar un clima psicológico seguro, también hay que permitir la existencia de una cantidad saludable de fricción en el equipo. Ofrece feedback con frecuencia, tanto positivo como negativo, para que el personal tenga objetivos claros hacia los que avanzar. Utiliza un coaching constante y directo para identificar las áreas de mejora, y recuerda a cada persona por qué su trabajo es importante para la empresa. Esto ayudará a la gente a mantener el foco en el propósito y la visión global.

Adaptado de «8 Things Learders Do That Make Employees Quit», de Jon Christiansen.

Apoya a las personas extrovertidas en los modelos de trabajo híbrido

Los individuos introvertidos y los extrovertidos tienen diferentes maneras de relacionarse, comunicarse y trabajar. Por eso en los modelos de trabajo híbrido es importante prestar atención a los miembros del equipo que sean más extrovertidos. Para favorecer la conexión interna, convoca reuniones con regularidad (ya sean presenciales o por videollamada) para hacer una puesta al día y que se hable sobre el trabajo de estas personas. En la oficina, fomenta los encuentros informales y espontáneos con el fin de fortalecer las relaciones. También puedes organizar actividades sociales, como almuerzos o encuentros opcionales, y así reforzar el compañerismo, la motivación y la confianza. El uso de salas de trabajo virtuales en las reuniones ayuda también a las personas extrovertidas a compartir sus ideas en voz alta. Trabajar desde casa o relacionarse con colegas que lo hacen permite que la conexión social se vuelva más importante.

Adaptado de «Managing Introverts and Extroverts in the Hybrid Workplace», de Erica Dhawan.

29 de octubre

La transición hacia el liderazgo directivo

Aprende a actuar como un diplomático

Cuando pasas de liderar un departamento a tomar las riendas de un proyecto o empresa, debes afrontar una serie bastante compleja de cambios en tu enfoque y tus habilidades de liderazgo. Uno de ellos es convertirte en alguien parecido a un diplomático. Antes, tu prioridad era guiar a tu equipo para competir y ganar a los demás. Ahora, además, tendrás que gestionar las inquietudes y prioridades (a veces en conflicto) de otros directivos, de sus áreas de negocio y de tus superiores, hasta llegar al Consejo de Dirección. Esto exige una nueva forma de concebir la negociación, la persuasión y el establecimiento de alianzas: identificar dónde coinciden los intereses (o podrían hacerlo) y comprender cómo se toman las decisiones en distintos contextos organizativos. El papel de diplomático implica pensar a largo plazo y trabajar de manera colaborativa.

Adaptado de «How Managers Become Leaders», de Michael D. Watkins.

¿Tu carrera profesional está alineada con tu propósito?

En las primeras etapas de la vida profesional, nuestras decisiones suelen estar influenciadas por factores externos, como las expectativas de un jefe o las ideas sobre el éxito que predominan en la sociedad. Sin embargo, a medida que adquieres experiencia, es importante que reflexiones sobre lo que de verdad tiene sentido para ti. Con el fin de evaluar donde estás y hacia dónde quieres ir, pregúntate si estás persiguiendo de verdad tu propósito. Piensa en qué te motiva, qué te llena y qué despierta tu curiosidad, y después plantéate si tu trayectoria profesional está favoreciendo esos aspectos. Si la respuesta es «no demasiado», explora cómo podrías ajustar tus responsabilidades para alinearlas mejor con la dirección en la que deseas ir. Hacer pequeños cambios hoy puede darte una mayor satisfacción en el futuro.

Adaptado de «6 Questions to Ask at the Midpoint of Your Career», de Rebecca Knight.

31 de octubre

Cuando decae el ánimo en el equipo

Revisa el propósito y los objetivos

Si tu equipo está desmotivado, es posible que haya perdido claridad sobre su propósito y sus objetivos. Tanto si se debe a factores externos, internos o a ambos, es necesario revisar el propósito y los objetivos marcados al equipo. Plantear ciertas preguntas de forma colectiva puede ayudar a recuperar el rumbo perdido:

1. ¿A qué tendencias externas debemos adaptarnos?
2. ¿Cómo nos afectan los cambios en la estrategia de la empresa?
3. ¿Cómo está evolucionando nuestro valor en la empresa?
4. ¿Cómo podemos aprovechar nuestros logros previos?
5. ¿Qué factores externos influyen en nuestros objetivos?
6. ¿Cómo podemos mejorar la forma en que medimos el éxito?

Utiliza las respuestas para reorientar a tu equipo en torno a un propósito renovado.

Adaptado de «20 Questions to Ask When Your Team's Vibe Is Off», de Liane Davey.

Los cambios de mentalidad que trae consigo el liderazgo

Convertirse en líder implica cambiar de mentalidad para enfrentarse al nuevo rol. Este proceso conlleva aprender a identificar y comunicar con claridad los valores que te importan y, también, a tomar decisiones difíciles. Requiere fijar unos estándares claros de exigencia para el equipo y aprender a compartimentar las áreas de tu vida para encontrar un ritmo sostenible de trabajo. Además, exige desarrollar una mayor autoconciencia y prestar atención a las narrativas internas que construyes sobre tus experiencias (tus éxitos y fracasos, los momentos buenos y malos), mientras reflexionas sobre tu trayectoria profesional y personal.

¿Qué cambios de mentalidad has hecho en tu forma de trabajar o en la manera en que te concibes como líder?

Adaptado de «The Leap to Leader»,
de Adam Bryant.

El poder de las historias personales

Cuanto mayor es tu nivel de influencia, más importante se vuelve la empatía, porque ayuda a contrarrestar el egocentrismo que a veces acompaña al poder. Existen varias formas de fomentar la empatía, y una de ellas es a través de las historias personales. Si animas a tus trabajadores a que compartan sus experiencias laborales y los retos a los que se han enfrentado puedes ayudar a que el resto (incluyéndote a ti) amplíe su perspectiva. Potencia que se den situaciones en las que trabajadores de distintos niveles aprendan sobre las funciones de los demás, y no dudes en compartir también tus puntos de vista. Ya sea en grandes reuniones o en grupos más reducidos, escuchar las historias de los colegas fortalece la confianza, fomenta la empatía y te aporta motivación para apoyar a tu plantilla.

Adaptado de «Don't Let Power Corrupt You», de Julie Battilana y Tiziana Casciaro.

Aprende a decir «no»

Tu carga de trabajo nunca dejará de crecer y, por tanto, necesitas decir que no a todo aquello que no se alinee con tus objetivos y prioridades. Como rechazar a alguien puede resultar incómodo, practica la forma de decir que no de un modo educado y elegante. Por ejemplo, si un colega te pide que hagas una tarea que no es tu responsabilidad, excúsate con un «esto puede ser una gran oportunidad para otra persona. Me encantará ponerte en contacto con Kei, que justo está buscando oportunidades en esta área». Si te solicitan que te incorpores a un proyecto para el que no tienes tiempo, agradécelo, pero añade: «Ahora mismo no puedo comprometerme, tengo la agenda completa». Practicar este tipo de respuestas te ayudará a poner límites claros y a proteger tus prioridades.

Adaptado de «9 Ways to Say No to Busywork and Unrealistic Deadlines», de Elizabeth Grace Saunders.

Preguntas para uno mismo

¿Presto atención a los cambios del negocio?

A lo largo de tu carrera profesional, plantearte cada cierto tiempo ciertas preguntas puede ser de gran ayuda para no perder el rumbo hacia tus metas u objetivos. Una de ellas es si prestas atención a los cambios que se producen en el entorno de tu negocio. Cuando cambian las necesidades de la clientela, la empresa crece o aparecen nuevos productos, la manera de gestionar el negocio también debe evolucionar. Y este proceso no siempre es fácil: puede implicar reestructuraciones, cambios de funciones, decisiones difíciles o incluso que revises tu estilo de liderazgo. Sin embargo, no adaptarse a tiempo puede tener consecuencias graves.

¿Qué haces para asegurarte de que tu forma de dirigir la empresa siga siendo flexible y capaz de adaptarse al cambio?

Adaptado de «What to Ask the Person in the Mirror», de Robert Steven Kaplan.

Cuando el trabajo es abrumador

Lleva un registro de tu tiempo

Cuando tienes demasiadas tareas pendientes, es posible que experimentes ansiedad cada vez que no estás trabajando. Pero una lista interminable de tareas no tiene por qué abrumarte. Una estrategia adecuada para manejar el estrés es llevar un registro de cómo empleas tu tiempo. Durante una semana, apunta las horas que dedicas a cada tarea y luego analiza los patrones que surgen; observa sobre todo qué actividades consumen más tiempo del que deberían. Contar con una visión realista de tus jornadas (y no una percepción exagerada por el estrés) te permitirá replantearte cómo usar mejor el tiempo. Busca también «ladrones de tiempo», como leer titulares, y limítalos a los momentos de transición entre tareas, evitando así interrupciones que afecten a tu concentración y productividad.

Adaptado de «Things to Do When You Feel Overwhelmed by Your Workload», de Alice Boyes.

Los peligros del control excesivo

Los buenos líderes se convierten en un recurso para los miembros del equipo; supervisan los avances sin que parezca que están controlando a las personas. En cambio, los que controlan demasiado, los microgestores, suelen cometer cuatro errores principales. Primero, limitan la autonomía de los demás y no dejan que cada cual decida cómo hacer su trabajo. Segundo, exigen actualizaciones constantes sobre el progreso, pero no aportan ninguna ayuda. Tercero, se apresuran a buscar culpables cuando algo falla, lo que fomenta el miedo a comunicar los problemas. Y cuarto, acaparan la información y la utilizan como una herramienta de poder. Si reconoces alguno de estos comportamientos en ti, vale la pena que reflexiones sobre el impacto negativo que pueden estar teniendo en tu equipo, y que te plantees qué cambios podrías hacer para apoyar mejor el desempeño y el éxito de las personas que están a tu cargo.

Adaptado de «The Power of Small Wins»,
de Teresa M. Amabile y Steven J. Kramer.

7 de noviembre

Una herramienta infravalorada

Las notas de agradecimiento

Cuando quieras demostrarle a alguien que valoras su trabajo (ya sea subordinado, colega o incluso un superior), no subestimes los efectos de una sencilla nota. La puedes escribir a mano o enviarla por correo, pero la clave es que expliques con claridad lo que le quieres agradecer a esa persona. Por ejemplo, podrías decir: «Aportas un enfoque práctico que nos permite trasladar las ideas a acciones», o «Tu empatía nos ayuda a tomar decisiones más humanas». Estas notas son una forma muy eficaz de reconocer las fortalezas ajenas y, al mismo tiempo, se trata de un método que te invita a reflexionar sobre lo que valoras en los demás. Además, escribirlas de manera proactiva es signo de un interés genuino y refuerza las relaciones profesionales.

Adaptado de «Notes of Appreciation Can Boost Individual and Team Morale», de Whitney Johnson y Amy Humble.

Mejora la planificación de relevos

Busca dentro de tu empresa

La planificación de los relevos en cargos directivos es un proceso complejo y a la vez fundamental para el éxito a largo plazo de tu empresa. Cuando llega el momento de buscar un nuevo CEO, surge una duda: ¿conviene apostar por alguien de dentro, que ya conoce el funcionamiento de la organización, o traer a una persona externa que aporte una mirada fresca? La respuesta depende del contexto. Investigaciones de la Harvard Business School y Wharton han hallado que las empresas con peores resultados pueden beneficiarse más bien de líderes externos capaces de impulsar cambios drásticos. En cambio, en empresas que funcionan bien, los CEO externos suelen destruir el valor preexistente, cobrar más, rendir peor y abandonar el cargo con mayor frecuencia. Por eso, salvo que la empresa necesite una reestructuración profunda o un cambio radical de cultura organizacional, suele ser más acertado promover el talento interno.

Adaptado de «The High Cost of Poor Succession Planning», de Claudio Fernández-Aráoz, Gregory Nagel y Carrie Green.

Rompe con los hábitos que limitan tu carrera

Entrénate a ti mismo

Todo el mundo tiene algún hábito que frena su carrera, como procrastinar o mirar el móvil cuando debería escuchar a los demás. Pero, según los estudios de *Crucial Learning*, quienes logran superar los malos hábitos son capaces de controlar las circunstancias que los alimentan. Una forma eficaz de hacerlo es tomando el control de tales circunstancias, entrenándote de forma consciente en el área que quieres mejorar. Genera oportunidades pequeñas y concretas para practicar nuevos comportamientos. Por ejemplo, si quieres fortalecer tus habilidades sociales, elige un ejercicio distinto cada semana y una situación específica donde ponerlo en práctica. Avanzar a pasos pequeños pero constantes te hará sentir más capaz y te motivará a seguir mejorando.

Adaptado de «Trick Yourself into Breaking a Bad Habit», de Joseph Grenny.

Averigua si tu personal está satisfecho

Parte de tu papel como líder es garantizar que tu equipo tenga lo que necesita para prosperar. Pero un estudio de Gallup reveló que el 51 % de los trabajadores afirma que nadie, ni siquiera su jefe, les preguntó sobre su satisfacción laboral antes de irse. Para saber cómo se siente tu personal, hazles estas preguntas:

1. ¿Cómo te gustaría crecer dentro de la empresa?
2. ¿Encuentras sentido y propósito en tu trabajo?
3. ¿Qué necesitas de mí para rendir al máximo?
4. ¿Qué no está haciendo la empresa y debería hacerlo?
5. ¿Tienes la oportunidad de hacer lo que mejor se te da cada día?

Utiliza las respuestas para identificar problemas que puedas resolver y para detectar oportunidades de crecimiento que motiven a tu equipo.

Adaptado de «5 Questions Every Manager Needs to Ask Their Direct Reports», de Susan Peppercorn.

Tu voz de liderazgo

Conecta con los demás

Cultivar tu voz de liderazgo requiere desarrollar la capacidad para responder de manera auténtica, constructiva y eficaz, sin importar la situación o la audiencia a la que te enfrentes. Uno de los pilares de esa voz surge de la conexión con otras personas. A medida que se incrementan tus responsabilidades, resulta más difícil mantener una relación cercana con todos los trabajadores, equipos y redes de contactos con los que trabajas. Por eso es importante buscar formas conscientes de crear y sostener vínculos: compartir historias sobre el impacto de tu trabajo, agradecer el esfuerzo de otras personas o dedicar tiempo a estrechar lazos en conversaciones y reuniones. Al hacerlo, transmites un interés genuino por los demás y por su éxito.

¿De qué manera utilizas tu capacidad de conectar con otras personas para fortalecer tus relaciones profesionales?

Adaptado de «You Don't Just Need One Leadership Voice— You Need Many», de Amy Jen Su.

12 de noviembre

¿Qué puedes aprender a continuación?

Elige algo en lo que seas capaz de destacar

Los grandes líderes nunca dejan de aprender. Como no siempre es fácil elegir qué habilidades desarrollar, trata de optar por algo en lo que seas capaz de destacar. Examina tus competencias actuales y piensa en habilidades parecidas o complementarias en las que tu talento pueda ser una ventaja. Por ejemplo, si eres una persona organizada y detallista, profundizar en la gestión de proyectos complejos puede ser una opción interesante. En cambio, si la investigación no es tu punto fuerte, quizá no sea buena idea centrarte en mejorar tu capacidad para la búsqueda de información. En el caso de que te cueste identificar tus fortalezas y tus virtudes, no dudes en pedir opinión a algún colega de confianza.

Adaptado de «How to Decide What Skill to Work On Next», de Erika Andersen.

Cuando llegues a un punto de inflexión... Detente a reflexionar

Los puntos de inflexión (esos momentos en los que te preguntas: «Y ahora ¿qué?») se dan con frecuencia tanto en la vida profesional como en la personal. Pueden surgir en contextos difíciles, como un despido inesperado o una larga enfermedad, pero también a raíz de nuevas y emocionantes oportunidades. Sea cual sea su origen, los cambios suelen vivirse como una amenaza, sobre todo cuando ponen en duda la propia identidad o dirección vital. Por eso, aprender a parar un momento para calmarte, utilizar tus recursos y reorientarte tal vez reduzca esa sensación de amenaza y te ayude a actuar con mayor curiosidad y creatividad, incluso cuando aún no tienes claro el siguiente paso.

Adaptado de «You've Reached an Inflection Point in Your Career. What Now?», de Joan P. Ball y Julia Beck.

El enfoque como líder

En sí mismo

Una de tus tareas principales como líder es dirigir la atención. Para ello, en primer lugar, debes aprender a enfocar tu propia atención de tres maneras generales: en ti mismo, en los demás y en el mundo en general. Enfocarse en uno mismo implica desarrollar la autoconciencia: observar tus señales internas y dar sentido a tus experiencias a lo largo del tiempo para construir una imagen clara de quién eres. También requiere autocontrol, es decir, capacidad para mantener el foco a pesar de las distracciones. Los líderes que dominan estas habilidades se conectan mejor con su yo más auténtico, lo que les permite seguir avanzando hacia las propias metas incluso cuando surgen obstáculos.

Adaptado de «The Focused Leader»,
de Daniel Goleman.

15 de noviembre

Tus grandes proyectos necesitan tres tipos de personas

Formar un equipo para un gran proyecto no solo implica contratar a individuos de alto rendimiento. Busca a personas que:

- **Se sientan cómodas con la incertidumbre**; que mantengan la curiosidad y la concentración incluso cuando la meta final del proyecto quede aún lejos.
- **Generen estructura dentro del caos y pasen a la acción**; que sean capaces de impulsar al equipo hacia delante, aunque las circunstancias cambien.
- **Conecten y ejecuten**; que consigan hallar vínculos entre diferentes informaciones e ideas, y luego transformar esos resultados en algo tangible.

Con esta clase de personas en tu equipo, estarás en una buena posición para aprovechar nuevas oportunidades.

Adaptado de «If Your Innovation Effort Isn't Working, Look at Who's on the Team», de Nathan Furr, Kyle Nel y Thomas Zoëga Ramsøy.

Networking para todo el mundo

Los eventos informales pueden ser una buena manera de conectar, compartir información e incluso tomar decisiones. Pero, al mismo tiempo, quizá dejen fuera a algunos miembros del equipo. Por eso es necesario que te esfuerces para que todo el mundo se sienta bienvenido. Empieza por conocer las preferencias de tu equipo respecto a los encuentros sociales, incluyendo restricciones alimentarias y actividades grupales. Por ejemplo, evita centrar todos los eventos en torno al alcohol, para que quienes no beben no se sientan excluidos, y organiza algunas reuniones durante el día o a la hora del almuerzo, para que quienes no pueden quedarse hasta tarde no pierdan la oportunidad de participar. Además, presta atención a las personas que asisten: si algunas no acuden con frecuencia, habla con ellas y asegúrate de que sepan que están invitadas.

Adaptado de «How Managers Can Make Casual Networking Events More Inclusive», de Ruchika Tulshyan.

Siestas cortas, grandes recompensas

«Una herramienta para descansar más, y que suele ser ignorada, es la siesta. Con demasiada frecuencia, los líderes consideran las pausas para dormir una pérdida de tiempo. Sin embargo, la investigación al respecto indica de forma muy clara que dormir apenas veinte minutos puede recargar las pilas de forma significativa y mejorar la calidad del trabajo. Una siesta breve acelera el procesamiento cognitivo, disminuye los errores y aumenta la resistencia para mantener la atención en tareas difíciles. Un estudio de la Universidad de Düsseldorf reveló que apenas ocho minutos de sueño durante el día eran suficientes para mejorar la memoria de manera significativa».

Adaptado de «Sleep Well, Lead Better»,
de Christopher M. Barnes.

Cómo fomentar el desarrollo de las mujeres

Haz que se queden

Como líder, sabes que sigue habiendo pocas mujeres en puestos de poder: solo unas cuantas empresas de la lista *Fortune 500* están dirigidas por una mujer, y aún menos por mujeres racializadas. Una manera clave de derribar los obstáculos que frenan su progreso es reducir la rotación. Si las mujeres perciben que crecer y avanzar en su empresa es casi imposible, querrán marcharse. Por eso es fundamental reconocer y promover a las personas por sus resultados, no por la cantidad de horas que pasan trabajando. No penalices a las madres, a las que priorizan el equilibrio entre vida personal y trabajo ni a las que prefieren trabajar de manera remota o más flexible. Cuando no se sienten tratadas con equidad, las mujeres se marchan. Además, tener a más mujeres en los niveles directivos envía un mensaje claro de que prosperar es posible y contribuye a reducir el acoso sexual, otro factor que impacta de forma negativa en la retención del talento.

Adaptado de «How to Close the Gender Gap» de Colleen Ammerman y Boris Groysberg.

Prepárate para dar tu opinión en las reuniones

Compartir tus ideas en las reuniones ayuda a que te tengan en cuenta, pero no siempre resulta fácil hacerlo de manera espontánea. Si te cuesta intervenir, una buena estrategia es hacerte la siguiente pregunta antes de entrar a la reunión: «¿Por qué yo?». Piensa en el tema que se va a tratar y en quiénes estarán presentes, y reflexiona sobre lo que tú puedes aportar y los demás no. ¿Por qué te importa este tema, tu organización o tu función? ¿Qué conocimientos o perspectivas únicas puedes aportar al debate? ¿Qué inquietudes o advertencias estás en condiciones de plantear? Responder a esas preguntas te conectará con tu propósito y reforzará tu confianza, ya que tu credibilidad proviene de tu experiencia, compromiso y pasión.

Adaptado de «How to Speak Up in a Meeting, and When to Hold Back», de Allison Shapira.

20 de noviembre

¿A qué estás dispuesto a renunciar?

Toda carrera profesional implica ciertas renuncias. Conforme tus habilidades y tu experiencia aumentan, se abren cada vez más opciones ante ti, y es importante que te preguntes qué sacrificios eres capaz de hacer y cuáles ya no. Por ejemplo, es posible que tus hijos ya se hayan independizado y decidas priorizar tu carrera profesional. O tal vez quieras dedicar más tiempo a tus aficiones o a viajar. Déjate guiar por tus valores y prioridades. Como ambos evolucionan con el tiempo, conviene revisarlos de forma periódica —una vez al año, por ejemplo, o cuando lo creas necesario—. No existen elecciones equivocadas; lo importante es tomar decisiones conscientes y coherentes con los sacrificios que puedes asumir.

Adaptado de «6 Questions to Ask at the Midpoint of Your Career», de Rebecca Knight.

21 de noviembre

A medida que aumenta tu importancia, también lo hace tu ego

A medida que avanzas en tu carrera e incrementas tus responsabilidades, quienes te rodean se vuelven más complacientes: te escuchan más, te dan la razón y se ríen de tus chistes. Aunque esto puede resultar agradable, también genera un ego desmedido, y eso acaba distorsionando tu visión de la realidad y tus valores. Salir de esa dinámica no es sencillo; requiere humildad, capacidad de reflexión y coraje, pero es un trabajo necesario y desafiante.

¿Cómo mantienes a raya tu ego?

Adaptado de «Ego Is the Enemy of Good Leadership», de Rasmus Hougaard y Jacqueline Carter.

Si acabas de llegar, preséntate

Cuando te conviertes en líder, es fundamental que subordinados, jefes y colegas sean conscientes de todo lo que puedes aportar a la empresa. Es normal que les surjan preguntas acerca de tu trayectoria, tus capacidades y tu estilo de liderazgo; querrán saber si das la talla y tu presencia facilitará su trabajo o, por el contrario, lo complicará. Lo más probable es que nadie tenga mala intención; simplemente te compararán con la persona que ocupaba ese puesto antes para entender qué pueden esperar de ti. Teniendo en cuenta lo que valore cada grupo y lo que les preocupe, podrás adaptar tu forma de comunicarte y sentar unas bases sólidas para estas nuevas relaciones.

Adaptado de «Stepping into a Leadership Role? Be Ready to Tell Your Story», de David Sluss.

Elabora una estrategia para tu carrera

Planifica cómo invertir tu tiempo

Para forjar una carrera significativa, es importante elaborar una estrategia a largo plazo. Un paso clave para ello es determinar cómo invertir tu tiempo de manera inteligente. El tiempo es uno de los recursos más valiosos que tenemos, y la forma en que lo usamos dice mucho sobre lo que nos importa. Diseña un sencillo gráfico que muestre cómo has repartido tu tiempo en los últimos meses: trabajo, familia, comunidad, salud, descanso, etc. Plantéate si estás dedicando suficiente energía a lo que de verdad te llena o, por el contrario, inviertes demasiado tiempo en actividades que no te aportan mucho. Este análisis te ayudará a decidir si necesitas redistribuir tu horario para vivir de forma más alineada con tu propósito, teniendo en cuenta que no dispones de un tiempo infinito.

Adaptado de «Developing a Strategy for a Life of Meaningful Labor», de Brian Fetherstonhaugh.

24 de noviembre

¿Estás haciendo lo suficiente para retener a tus mejores talentos?

Cuando surgen problemas de rotación, lo más fácil es buscar culpables fuera. Sin embargo, conviene reflexionar con honestidad sobre las razones por las que la gente se marcha y preguntarte si, de algún modo, tú también puedes haber influido en su decisión. A partir de ahí, sigue indagando: fomenta las conversaciones sinceras sobre satisfacción laboral, invitando a los trabajadores a compartir tanto lo positivo como lo negativo. Esto te dará una idea de cómo se sienten respecto a su trabajo y tu labor como líder. Es posible que tengas que oír comentarios incómodos, pero evita ponerte a la defensiva. Presta atención y no olvides replantearte tu manera de trabajar. Cuando la gente percibe que hay verdadera voluntad de cambio, es más probable que decida quedarse.

Adaptado de «Don't Let Lazy Managers Drive Away Your Top Performers», de Mark C. Bolino y Anthony C. Klotz.

25 de noviembre

¿Qué hace la gente con éxito?

Sustituye los malos hábitos por otros mejores

¿Por qué has logrado cumplir algunos de tus objetivos y otros no? Incluso las personas más brillantes y con una trayectoria impecable suelen tener dificultades para entender las razones de sus éxitos y fracasos. Sin embargo, según décadas de investigación sobre el rendimiento, quienes alcanzan mejores resultados hacen algunas cosas de manera diferente. Una de ellas es concentrarte en lo que harás en vez de en lo que no. Traza un plan para sustituir hábitos negativos y conductas poco productivas por alternativas mejores. Por ejemplo: «Cuando empiece a irritarme, respiraré hondo tres veces para tranquilizarme». Al usar una conducta positiva (en este caso, la respiración) para reemplazar el hábito negativo, este se irá debilitando poco a poco hasta desaparecer.

Adaptado de «Nine Things Successful People Do Differently», de Heidi Grant.

26 de noviembre

No dejes que la presión te paralice

Cuando un líder con talento fracasa en una entrevista o arruina una presentación importante, muchas veces no es por falta de capacidad, sino por pensar demasiado. La ansiedad por el resultado hace que sobreanalice cosas que le suelen salir de manera automática. Para mantener la calma en momentos de gran presión, evita centrarte de forma obsesiva en lo que estás a punto de hacer. Por ejemplo, en los minutos previos a una reunión clave haz un crucigrama o piensa en un viaje que tengas planeado, en lugar de repasar una y otra vez tu presentación. Si, aun así, tu mente no se detiene, prueba a repetir un mantra simple, concéntrate solo en los tres puntos clave de tu presentación o incluso tararea mentalmente una canción. La idea es ocupar ese *exceso de energía mental* antes de que juegue en tu contra.

Adaptado de «Why Talented People Fail Under Pressure», de Sian Beilock.

Los expertos en persuasión analizan a su audiencia

«Los expertos en persuasión saben leer con precisión el estado emocional de audiencia, y ajustan el tono de sus argumentos a cada contexto. A veces eso exige firmeza y claridad; otras, un enfoque más suave. Lo esencial es que, ocupes la posición que ocupes, sepas usar una energía alineada con la disposición de quienes te escuchan, para que el mensaje llegue de verdad».

Adaptado de «The Necessary Art of Persuasion», de Jay A. Conger.

28 de noviembre

Cuando el poder dificulta el liderazgo

«Quienes ocupan puestos de poder suelen prestar cada vez menos atención a sus trabajadores. Sin embargo, caer en este comportamiento resulta contraproducente. Es imposible liderar a personas a las que no comprendes, y nadie puede dar lo mejor de sí cuando siente que su líder es distante o no se interesa de verdad por lo que le preocupa. Tal vez consigas resultados a corto plazo, pero con el tiempo la calidad del trabajo se resentirá y tu liderazgo será puesto en duda. Si quieren ejercer el poder de forma saludable, los líderes necesitan cultivar la humildad para evitar la soberbia, así como la empatía para no quedar atrapados en el egocentrismo».

Adaptado de «Don't Let Power Corrupt You»,
de Julie Battilana y Tiziana Casciaro.

29 de noviembre

Necesitas pasar tiempo a solas

Es muy probable que tus días y semanas se llenen de reuniones interminables. Pero, incluso cuando encontrar tiempo a solas para pensar parece imposible, necesitas hacerlo. Los mejores líderes son quienes se dan el espacio para reflexionar, anticiparse y preparar las tareas, ya sean estas nuevos proyectos o reuniones.

¿Cómo puedes organizarte para reservar periodos de tiempo que te permitan la reflexión?

Adaptado de «How CEOs Manage Time»,
de Michael E. Porter y Nitin Nohria.

30 de noviembre

Aclara el porqué de las cosas

Al comunicar planes, estrategias o cambios, muchos líderes se centran en qué hay que hacer y cómo hacerlo, y dejan de lado el porqué. Puede parecer obvio o innecesario, pero es justo ese «porqué» lo que mueve a las personas: el sentido, la razón por la que merece la pena implicarse. Para encontrarlo, pregúntate qué ganamos o perdemos si lo hacemos —o si no lo hacemos—, cómo será el futuro si alcanzamos ese objetivo. Incluso puedes insistir con un simple «¿para qué?» una y otra vez, hasta llegar al motivo más profundo del cambio que propones.

¿Qué puedes hacer para comunicar mejor el propósito de tus decisiones y no limitarte a dar instrucciones?

Adaptado de «Good Leadership Is About Communicating "Why"», de Nancy Duarte.

Cómo proteger la seguridad psicológica

Apuesta por una resolución de conflictos saludable

Cuando percibimos a otras personas como una amenaza es menos probable que escuchemos, formulemos preguntas o compartamos nuestras ideas. Por eso es fundamental preservar la seguridad psicológica en tu equipo. Una forma de construirla (o reconstruirla) es apostando por un modelo de resolución de conflictos saludable. Cuando surja un desacuerdo con alguien del equipo, abórdalo con respeto y permite que la otra persona exponga su punto de vista. Valorar opiniones distintas a la propia, incluso cuando implican un debate respetuoso, transmite un mensaje claro: en este equipo es posible disentir, dialogar y construir desde perspectivas diferentes.

Adaptado de «Do You Really Trust Your Team? (And Do They Trust You?)», de Amy Jen Su.

2 de diciembre

Fomenta el aprendizaje entre pares

El aprendizaje entre pares (*peer-to-peer*) una herramienta de desarrollo muy poderosa, además de gratuita. Para impulsarlo, traza un plan estructurado. Empieza designando a alguien del equipo —es preferible que cuente con experiencia trabajando con grupos— para coordinar la iniciativa. Esta persona se encargará de organizar las sesiones, mantener el foco y asegurar que se da un clima positivo. Elabora también una política de confidencialidad y reglas claras sobre cómo dar y recibir feedback, de modo que todo el mundo se sienta seguro al intervenir. Durante esos encuentros, vincula las enseñanzas con situaciones y problemas del mundo real, lo que permitirá a los miembros de la plantilla aplicar con rapidez las nuevas habilidades. Y anima a la gente a difundir la iniciativa para que cualquier otra persona de la empresa pueda apuntarse.

Adaptado de «How to Help Your Employees Learn from Each Other», de Kelly Palmer y David Blake.

Gestiona el microestrés

Todos los días nos enfrentamos al microestrés: esos pequeños inconvenientes que parecen insignificantes, pero cuyos efectos se acumulan y extienden más de lo que imaginamos. Tal vez tengas que quedarte un poco más tarde en el trabajo porque alguien no cumplió con sus objetivos; quizá sea solo media hora, pero puede ponerte de mal humor, alterar tus planes y hacer que sigas irritable al día siguiente. Como cualquier otra forma de estrés, estos microestresores también afectan a tu cuerpo, elevándote la presión arterial o el ritmo cardíaco, o provocándote desequilibrios hormonales.

¿Qué microestresores, pequeños pero constantes, están agotando tu energía?

Adaptado de «The Hidden Toll of Microstress», de Rob Cross y Karen Dillon.

Descubre cómo cada persona expresa su compromiso

Quizá piensas que sabes detectar el interés de alguien por su trabajo. Pero las personas extrovertidas y las introvertidas demuestran la pasión de maneras diferentes, y, si valoras unas formas de expresión más que otras, corres el riesgo de no tratar ni recompensar a todo el mundo por igual. Habla con tu equipo acerca de cómo cada cual expresa su motivación e interés. Tal vez haya quien lo haga mediante un lenguaje corporal y un discurso enérgicos, mientras que otros preferirán transmitirlo por escrito o en conversaciones privadas. Ajustar tus expectativas a las preferencias de la plantilla te ayudará a reconocer su compromiso, en especial cuando sus distintos estilos de comunicación no coincidan con el tuyo.

Adaptado de «Stop Assuming Introverts Aren't Passionate About Work», de Kai Krautter, Anabel Büchner y Jon M. Jachimowicz.

El poder de lo limitado

La gente suele valorar más aquello que es limitado. Por eso, cuando necesitas convencer a alguien de algo, resulta muy eficaz destacar lo que vuelve única una oportunidad: beneficios exclusivos, información clave o plazos reducidos. En el entorno corporativo, busca los equivalentes a las ofertas «por tiempo limitado», «hasta agotar existencias» o «de artículos únicos en su género». Por ejemplo, si necesitas que alguien de tu equipo hable con un alto cargo para que un proyecto avance, puedes decirle que esa persona se irá de vacaciones pronto y que este es el momento para actuar. Otra opción es dejarle claro que no hay otra persona que pueda dar la aprobación o el feedback necesarios en ese caso. Subrayar que una oportunidad se puede escapar enseguida ayuda a generar urgencia y puede convertirse en un potente motor para la acción.

Adaptado de «Harnessing the Science of Persuasion», de Robert B. Cialdini.

Cómo gestionar a personas más creativas que tú

Dirigir a personas creativas implica tener en cuenta algunos aspectos clave. Lo primero es asegurarte de que su creatividad encaja con el puesto que ocupan; así podrás aprovechar todo su potencial. Rodea a esas personas de responsables de proyecto meticulosos que se encarguen de trasladar sus ideas a acciones concretas. Reconoce y recompensa sus ideas innovadoras. Aplica el nivel adecuado de presión a los proyectos: muy poca reduce la motivación, pero demasiada genera estrés y bloquea la creatividad. Y, por último, no te preocupes si su manera de trabajar es muy distinta a la tuya; la clave es que se cumplan los plazos y se alcancen los objetivos.

Adaptado de «Motivating Your Most Creative Employees», de Tomas Chamorro-Premuzic y Reece Akhtar.

Los mejores mentores preparan a otros para que se conviertan en mentores

Tu función principal como mentor es transmitir tu conocimiento y experiencia; la secundaria es identificar a aquellos pupilos que tengan el potencial de convertirse en mentores y prepararlos para asumir ese rol. Las personas elegidas necesitarán ser expertas en su área y tener una personalidad generosa. Habla con ellas sobre los retos y recompensas que implica el puesto al que aspiran, y explícales cómo analizas los problemas, evalúas posibles soluciones y decides cuál es la mejor manera de ayudar a alguien. Cuando consideres que alguien está preparado para dar el salto, ayúdale a elegir a su propio pupilo; incluso puedes ofrecerte a supervisar su labor hasta que se sienta bien asumiendo esa mentoría sin ayuda. Y, por supuesto, disfruta de su éxito: es la señal definitiva de que has jugado bien tu papel como mentor.

Adaptado de «6 Things Every Mentor Should Do», de Vineet Chopra y Sanjay Saint.

No le des más vueltas

La inteligencia, por sí sola, no resuelve todos los problemas. Cuando pensar y pensar no te lleva a ningún lado, observa dónde te has atascado; quizá estés dándole vueltas una y otra vez a lo mismo. Plantéate probar una nueva manera de abordar el problema, tomarte un descanso o discutir tus ideas con otras personas; eso quizá podría ayudarte. Y cuando notes que estás rumiando una idea sin avanzar, rompe ese bucle dedicando unos minutos a otra actividad que requiera toda tu atención, como hacer un puzle o resolver un acertijo: puede ser una forma sorprendentemente eficaz de sacar a tu mente del bloqueo.

Adaptado de «5 Ways Smart People Sabotage Their Success», de Alice Boyes.

Practica el entrenamiento cruzado en el trabajo

Hacer solo aquello que se te da mejor no te ayudará a crecer de verdad. Para conseguirlo tendrás que desarrollar habilidades complementarias, aplicando al trabajo el equivalente empresarial del llamado «entrenamiento cruzado». Por ejemplo, si se te dan muy bien los aspectos técnicos, profundizar aún más en ello no te llevará tan lejos como desarrollar una habilidad complementaria, como la comunicación; esto hará que tu experiencia sea más visible y útil para tus colegas. Desarrollar estas competencias complementarias funciona precisamente porque, en lugar de limitarte a repetir lo mismo siempre, refuerzas la manera en que ya te comportas incorporando nuevas formas de trabajar e interactuar que harán que tu labor sea más eficaz y valiosa.

Adaptado de «Making Yourself Indispensable»,
de John H. Zenger, Joseph Folkman y Scott Edinger.

Preguntas básicas frecuentes

Me pregunto por qué...

Cada vez que planteas buenas preguntas, logras inspirar curiosidad, creatividad y un pensamiento más profundo en ti y en tus trabajadores. Una bastante potente es: «Me pregunto por qué...». Mantener viva la curiosidad sobre cómo funciona tu organización resulta clave para que surjan ideas nuevas. Es cierto que preguntar por qué algo se hace de una determinada manera puede llevar a respuestas poco inspiradoras, como «porque siempre se ha hecho así». Pero empezar con un «me pregunto por qué...» es ya un primer gesto para romper la inercia que frena el crecimiento, porque casi siempre desemboca en la siguiente pregunta: «Me pregunto si podría hacerse de otra forma...».

Adaptado de «5 Questions Leaders Should Be Asking All the Time», de James E. Ryan.

11 de diciembre

En época de cambios, da voz a los miembros de tu equipo

Los cambios dentro de la empresa pueden hacer que el personal se sienta a merced de fuerzas que escapan a su control. Para reducir su ansiedad y aumentar su compromiso, permite que participen lo más posible en la gestión del cambio en cuestión. Por ejemplo, puedes trabajar con los gerentes para crear un plan de comunicación, definir un cronograma para iniciar nuevos procesos y resaltar aquellos procedimientos específicos del equipo o área que deben mantenerse. Es natural que las personas vean el cambio con escepticismo y se preocupen por cómo podría afectar a su trabajo o a su influencia. Permitirles tomar algunas decisiones sobre los próximos pasos ayuda a generar compromiso y a aumentar la participación.

Adaptado de «Change Is Hard. Here's How to Make It Less Painful», de Erika Andersen.

Recompensa a tus trabajadores con tiempo, no solo con dinero

Aunque muchas personas tienden a priorizar las recompensas monetarias, ayudarles a poner en valor su tiempo también puede aumentar su satisfacción laboral. Por ejemplo, una opción es ofrecer incentivos que les ahorren tiempo, como un programa de puntos intercambiables por servicios —como limpieza del hogar— en lugar de limitarte a darles recompensas materiales o monetarias. También es útil asignar un valor económico a las recompensas no monetarias, como días extra de vacaciones. Dado que tenemos la costumbre de pensar siempre en términos de dinero (sueldos más altos o bajos), conocer el valor de los beneficios basados en tiempo facilita que se aprecien mejor. Investigaciones de la Harvard Business School han mostrado que presentar el tiempo como si fuera dinero ayuda a que el personal de una empresa perciba que te importa su bienestar y su equilibrio entre trabajo y vida personal.

Adaptado de «Time for Happiness»,
de Ashley Whillans.

13 de diciembre

Los líderes fuertes no esconden sus debilidades

Los mejores líderes son humildes, reconocen sus debilidades y se muestran vulnerables. Puede ser tentador querer que tus colegas conozcan solo tu mejor versión, pero no es realista. ¿Por qué? Primero, porque es insostenible: todo el mundo comete errores y, tarde o temprano, tú también lo harás. Segundo, liderar implica conectar con las personas. Por tanto, la gente se esforzará más en su trabajo si se siente cercana y conectada contigo; y no lo hará si solo le muestras lo que crees que la impresionará. Así que no tengas miedo de admitir tus imperfecciones. Plantéatelo así: no eres débil, solo tienes debilidades. Es muy distinto.

Adaptado de «The Best Leaders Aren't Afraid to Ask for Help», de Peter Bregman.

No te conviertas en víctima de tu propio éxito

Mira más allá de los cargos

Si quieres seguir rindiendo al máximo, debes superar los escollos que surgen con el éxito. Uno de ellos es apegarse demasiado al cargo o título. Resolver problemas grandes y complejos requiere colaboración, trabajo interdisciplinar y recopilación de ideas de distintos sectores de la empresa. Si empiezas a pensar que tus ideas son mejores solo porque eres quien ostenta el mayor rango en la sala, podría ocurrir que quienes necesitas para avanzar se alejen de ti. Resolver desafíos complejos implica mirar más allá del cargo que figura en tus correos electrónicos y asumir una identidad de líder que impulsa el cambio.

Pregúntate si tu identidad profesional está limitando tu perspectiva o tus contribuciones.

Adaptado de «Want to Change the World? Don't Let Your Own Success Get in the Way», de Rosabeth Moss Kanter.

Tu influencia depende de tus relaciones

«El liderazgo comienza en ti, porque quién eres, qué piensas y sientes, cuáles son tus creencias y valores, y, sobre todo, cómo conectas con los demás son todos ellos aspectos importantes para las personas a las que necesitas influir. Cada día, esas personas se fijan en cada interacción que tienen contigo, cada palabra y acción, tratando de entender tus intenciones. Y se preguntan: «¿Puedo confiar en esta persona?». El esfuerzo, el compromiso y la disposición de tu equipo para confiar en tu liderazgo dependen en gran medida de las cualidades que perciban en ti. Y es fácil no cuidar estas relaciones tan importantes. Los mejores líderes desarrollan la autoconciencia y el autocontrol necesarios para manejarlas de la manera adecuada».

Adaptado de «Are You a Good Boss—or a Great One?»,
de Linda A. Hill y Kent Lineback.

Cómo evitar las dimisiones

No tengas favoritismos

Perder a un miembro del equipo afecta tanto a la moral como la productividad, y reemplazar a quienes se van resulta, además, costoso. Un error que puede llevar a tus trabajadores a marcharse es que lideres de manera injusta o sesgada. Si perciben que tienes favoritismos, su confianza disminuirá, y con ella la motivación y el compromiso. Para evitarlo, tómate un momento para reflexionar antes de decidir. Analiza qué influencias externas o internas podrían estar nublando tu objetividad. ¿Tus decisiones se basan en evidencias o en preferencias personales? ¿Necesitas información adicional antes de decidir? Pedir feedback constante a tu equipo (y actuar en consecuencia) también ayuda a tomar decisiones más justas y a fortalecer la confianza.

Adaptado de «8 Things Leaders Do That Make Employees Quit», de Jon Christiansen.

17 de diciembre

Preguntas para uno mismo

¿Cómo actúo bajo presión?

A lo largo de tu carrera profesional, plantearte cada cierto tiempo ciertas preguntas puede ser de gran ayuda para no perder el rumbo hacia tus metas u objetivos. Una de estas preguntas es: «¿Cómo me desenvuelvo bajo presión?». Durante una crisis, la gente se fijará en ti, así que presta atención a tu comportamiento. ¿Mantienes la calma o te agobias? ¿Asumes la responsabilidad o culpas a los demás? ¿Apoyas a tu equipo o criticas sus errores?

Analiza cómo y en qué situaciones la presión te afecta, y pregúntate: «¿Cómo me aseguro de que mis acciones reflejen mis valores?».

Adaptado de «What to Ask the Person in the Mirror», de Robert Steven Kaplan.

Deja de postergar las decisiones difíciles

Parte de tu trabajo consiste en tomar decisiones difíciles. Sin embargo, es habitual posponerlas. ¿Por qué?

- **Te da miedo decepcionar a otros:** ya sea al comunicar malas noticias de carácter económico o al anunciar un cambio necesario, pero poco popular, a veces temes que repercuta en la motivación del equipo.
- **Temes equivocarte:** muchas decisiones resultan complejas y ambiguas, por lo que es tentador buscar un poco más de información antes de arriesgarte a tomar una decisión errónea.
- **Te da miedo que parezca que actúas de manera injusta:** sobre todo si no quieres que nadie piense que tienes favoritismos, como al asignar proyectos importantes.

¿Estas dinámicas te han llevado a retrasar decisiones importantes?

Adaptado de «Leaders, Stop Avoiding Hard Decisions», de Ron Carucci.

No permitas que la distancia fomente malos comportamientos

No hay líder capaz de saber todo lo que ocurre en su empresa. Pero cuando existe demasiada distancia entre tú y tu equipo pueden pasar desapercibidos comportamientos inadecuados, sobre todo si los buenos resultados hacen pensar que todo marcha bien. Por eso es clave generar un entorno en el que la gente se sienta segura para alzar la voz cuando detecte conductas tóxicas, y ofrecerle canales claros y accesibles para hacerlo. Define de manera explícita (y, si es posible, por escrito) qué comportamientos son aceptables y cuáles no. Y, sobre todo, actúa siempre que alguien plantee una preocupación. Cumplir y hacer cumplir las normas de conducta refuerza la confianza y ayuda a acortar distancias entre tu equipo y tú.

Adaptado de «Are You Enabling a Toxic Culture Without Realizing It?», de Celia Swanson.

Ayuda a tu plantilla a tomar mejores decisiones

Que tu equipo necesite tu aprobación constante no es sano ni para sus miembros ni para ti. Si quieres que tomen mejores decisiones, ayúdales a desarrollar su propio criterio. Una forma eficaz de hacerlo es explicar el razonamiento en que se basan tus decisiones. Cuéntales cómo evaluaste los criterios objetivos y subjetivos, los riesgos y las recompensas, así como el impacto en las distintas partes involucradas. Esta transparencia ayudará a que el equipo entienda mejor las prioridades de la empresa y les mostrará qué aspectos deben tener en cuenta cuando les toque decidir. Y si alguien toma una decisión que no es la ideal, primero intenta entender su punto de vista, y después comparte qué habrías hecho tú de forma diferente y por qué.

Adaptado de «Do You Really Trust Your Team? (And Do They Trust You?)», de Amy Jen Su.

21 de diciembre

Cómo avanzar después de un cambio

Céntrate en tus múltiples facetas

En ocasiones, un gran cambio —sea personal o profesional— echa por tierra tu identidad. En esos momentos, concentrarte en las áreas de tu vida que no tienen que ver con el trabajo puede ayudarte a seguir adelante. Por ejemplo, si no conseguiste un ascenso que llevabas tiempo esperando, es normal que te enfades o te decepciones, pero recuerda que tu identidad no depende solo de eso. Dedica más energía a lo que te haga sentir bien, como la familia, las amistades, los compromisos sociales o el voluntariado. Eso no hará que el malestar desaparezca de inmediato, pero sí puede recordarte que hay muchas cosas que valoras y disfrutas más allá de tu trabajo. Poner en valor todas las áreas de tu vida te permitirá mantener una actitud positiva mientras decides el próximo paso.

Adaptado de «When a Major Life Change Upends Your Sense of Self», de Madeline Toubiana, Trish Ruebottom y Luciana Turchick Hakak.

Ser valiente no tiene por qué jugar en tu contra

A menudo oímos historias sobre personas que luchan con valentía en pro de un cambio positivo en su trabajo y terminan siendo marginadas o incluso despedidas. Sin embargo, la realidad no es tan dramática. La mayoría de los grandes actos de valentía no provienen de quienes alzan la voz o son *mártires* empresariales, sino de profesionales a quienes se respeta dentro de la empresa y que quieren hacer lo correcto, ya sea impulsar una decisión estratégica arriesgada, intentar cambiar una política injusta o denunciar conductas poco éticas. Su reputación y trayectoria les permiten tener más influencia que quienes están en los márgenes o fuera de la empresa. Y si se gestiona bien el proceso no tienen por qué pagar un alto precio por sus acciones; de hecho, pueden incluso obtener más reconocimiento y prestigio al tiempo que generan cambios positivos.

Adaptado de «Cultivating Everyday Courage»,
de James R. Detert.

El poder de resolver problemas

Ser un líder que se centra en las personas es muy positivo. Pero también lo es ser un líder que se centra en los problemas. Este enfoque no depende de tu carisma o tu estatus, sino de tu capacidad para lograr que a los trabajadores les entusiasme resolver problemas dentro de la empresa. Para ello, necesitarás saber cómo presentar esos problemas para que despierten la motivación del personal, identificando las áreas de verdad importantes para la compañía o incluso para el mundo. Y, aunque puedes seguir especializándote en un campo determinado, también te conviene familiarizarte con distintas áreas para poder conectar unas con otras. Así te convertirás en un líder capaz de inspirar a los demás para asumir grandes retos, complejos y drásticos.

¿Cómo puedes integrar este enfoque en tu manera de liderar?

Adaptado de «The Power of Leaders Who Focus on Solving Problems», de Deborah Ancona y Hal Gregersen.

24 de diciembre

Desarrolla tus habilidades blandas

En la era de la inteligencia artificial, desarrollar las *habilidades blandas* es imprescindible para sostener tu crecimiento profesional. Con el fin de identificar cuáles necesitas desarrollar, empieza por autoevaluarte con honestidad. Lo normal es destacar tus capacidades técnicas en el currículum, pero ¿qué cualidades interpersonales resaltarías también? Piensa en áreas como la comunicación, la adaptabilidad o la gestión de conflictos, y valora en cuáles podrías profundizar más. Pide opinión a colegas y mentores sobre tus fortalezas y áreas de mejora, y después traza un plan para desarrollar habilidades concretas. Por ejemplo, si quieres potenciar tu creatividad, podrías apuntarte a una clase de improvisación o a un taller de dibujo. Sea cual sea tu caso, salir de tu zona de confort marcará la diferencia.

Adaptado de «How to Improve Your Soft Skills as a Remote Worker», de Rebecca Knight.

Los líderes con poder de persuasión saben cómo mostrarse ante los demás

Ser una persona persuasiva exige mostrar interés y compromiso. Quizá por eso quienes lo son comparten un rasgo: se trata de individuos de mente abierta y muy poco dogmáticos. Cuando persuaden, se muestran dispuestos a replantearse sus puntos de vista y tener en cuenta las ideas ajenas. A su vez, al percibir esta actitud de escucha y apertura, sus interlocutores reaccionan de manera muy positiva: confían más en ellos y les prestan mayor atención. Digamos que pierden el miedo a que se les manipule. Y es que saben que esa persona que trata de persuadirles es flexible y, por ello, terminan mostrando una mayor disposición a ceder. Por eso los expertos en persuasión suelen preparar sus estrategias con antelación.

Adaptado de «The Necessary Art of Persuasion», de Jay A. Conger.

26 de diciembre

Aprender a aprender

La vulnerabilidad

Adquirir nuevos conocimientos de manera rápida y continua es una habilidad que nunca quedará obsoleta. Una forma de lograrlo consiste en ser lo bastante vulnerable como para tener siempre la disposición a aprender más. Si eres experto en un área, el hecho de no destacar en otra puede resultar poco atractivo o incluso intimidante. Pero los grandes aprendices siempre están dispuestos a sentirse principiantes. En lugar de pensar: «Se me da fatal esto», piensa: «Claro que se me da mal, acabo de empezar; pero mejoraré». Cuanto más te permitas cometer errores, hacer preguntas y pedir ayuda, más rápido mejorarás.

Adaptado de «Learning to Learn»,
de Erika Andersen.

El caos es una oportunidad para crecer

Cuando tu empresa atraviesa cambios importantes, tu mentalidad puede marcar la diferencia. Evita el pesimismo y busca oportunidades en medio de lo que esté ocurriendo: ¿cómo afectan estos cambios a tu puesto? ¿Qué implican para el futuro de la empresa y para el lugar que ocupas en ella? ¿De qué manera podrían ayudarte a avanzar en tu carrera o a fortalecer tus habilidades? Si las respuestas no son claras, sigue buscando. Elige ver el caos como una ocasión para crecer, no como un obstáculo para el progreso. Mantener la cabeza alerta y atenta, en lugar de agacharla y limitarte a resistir, te ayudará a atravesar las turbulencias y a resurgir de forma productiva.

Adaptado de «How to Stay Grounded Through Organizational Chaos», de Rebecca Knight.

28 de diciembre

Liderar con integridad supone un compromiso constante

Ten claro que eres un modelo ético para los demás. Si tomas atajos, incumples las reglas o haces la vista gorda ante malas conductas de miembros de tu equipo, estarás dando permiso a otras personas para hacer lo mismo. Pero si lideras con integridad inspirarás al resto a seguir tu ejemplo. Además, demostrarás a los clientes (que a menudo se preocupan mucho por la ética de las empresas) cuáles son tus valores.

¿Cómo muestras a tu personal y a tu clientela que la integridad es importante para ti?

Adaptado de «How to Build a Company That (Actually) Values Integrity», de Robert Chesnut.

Mejora tu gestión del fracaso

Tienes que saber gestionar el fracaso. Sin embargo, según un análisis de Dattner Consulting y Hogan Assessment Systems, alrededor del 70 % de la población estadounidense tiene un tipo de personalidad que le hace reaccionar mal cuando las cosas no salen como querría. Hay gente que culpa a otros, mientras que algunas personas niegan que exista un problema o que hayan tenido responsabilidad alguna en él; otras, en cambio, se autoculpabilizan demasiado. ¿Cómo sueles reaccionar tú ante el fracaso? ¿Qué puedes hacer para reaccionar mejor?

Adaptado de «Managing Yourself: Can You Handle Failure?», de Ben Dattner y Robert Hogan.

Nunca dejes de aprender

¿Qué tienen en común los líderes más sólidos? Según investigadores de la UNSW Sydney Business School y la Universidad de Michigan, que nunca dejan de aprender. Cuando mantienes este enfoque, interpretas los problemas como señales de que aún no cuentas con todas las habilidades necesarias, en lugar de sentirte incapaz de superar un reto. Además, en vez de compararte una y otra vez con tus colegas, te concentras en valorar tu propio crecimiento y en planear cómo crecer aún más. Cuando surgen dificultades, el mero hecho de preguntarte si estás en modo aprendizaje puede ser un potente recordatorio para aprovechar la situación.

Adaptado de «Good Leaders Are Good Learners»,
de Lauren A. Keating, Peter A. Heslin
y Susan (Sue) Ashford.

El liderazgo es un largo camino

«Muchos directivos subestiman cuánto tiempo y esfuerzo son necesarios para crecer y desarrollarse. Convertirse en un gran líder es un proceso largo y difícil, lleno de cambios y aprendizajes. Requiere tanto tiempo y esfuerzo que puedes pensar en ello como en un viaje: uno que dura años. Y lo más difícil de este trayecto es que los aprendizajes necesarios no se pueden enseñar directamente: surgen de la experiencia. Liderar implica utilizarte como un instrumento para lograr resultados en una empresa, por lo que es, ante todo, un trabajo de desarrollo personal. No existen secretos ni atajos: cada cual debe aprender lo necesario a lo largo de su propio viaje».

Adaptado de «Are You a Good Boss—or a Great One?»,
de Linda A. Hill y Kent Lineback.

Notas

Notas

Notas

Notas

Notas

Notas

LAS 32 LEYES INQUEBRANTABLES DEL DINERO Y EL ÉXITO

Desarrolla una mentalidad de crecimiento y alcanza tus objetivos financieros con las herramientas del experto Brian Tracy, autor del bestseller "Hábitos para ser millonario". En su nuevo libro, presenta 32 leyes que han ayudado a millonarios a establecer metas, gestionar su tiempo y aumentar sus ingresos. Incluye métodos para superar creencias autolimitantes y estrategias para lograr la libertad financiera.

SLOW PRODUCTIVITY de CAL NEWPORT

"Slow Productivity" es un libro oportuno para quienes se sienten decepcionados con los consejos tradicionales sobre productividad pero buscan hacer un trabajo significativo. Cal Newport, autor de bestsellers como "Un mundo sin e-mail" y "Deep Work", presenta un enfoque más humano y efectivo a largo plazo. Ofrece una hoja de ruta para escapar de la saturación de actividades y alcanzar logros significativos sin estrés ni ansiedad en un mundo abrumador.

EL MÉTODO PARA de TIAGO FORTE

El autor de "Crea tu segundo cerebro", presenta un nuevo libro con herramientas esenciales para organizar la vida digital de manera efectiva y eficiente. Tiago Forte presenta un sistema simple y transformador que permite gestionar eficazmente la información, agregando orden al entorno digital y facilitando el progreso hacia objetivos personales y profesionales. Este enfoque innovador ayuda a maximizar la productividad y claridad mental.

BE 2.0 de JIM COLLINS Y BILL LAZIER

Una actualización de "Beyond Entrepreneurship" de Jim Collins y Bill Lazier, presenta nuevas y valiosas perspectivas sobre el liderazgo empresarial en el mundo actual. Collins, influyente autor en negocios, comparte investigaciones sobre la durabilidad del éxito empresarial a lo largo del tiempo. El libro ofrece herramientas prácticas y un marco integral llamado "El Mapa" para convertir negocios en empresas sostenibles y duraderas, asegurando su crecimiento a largo plazo.

ESTUCHE PRINCIPIOS BÁSICOS de HARVARD BUSINESS REVIEW

La serie Management en 20 Minutos ofrece una rápida actualización de competencias profesionales. Ideal para cursos intensivos o repasar conocimientos. El estuche "Principios Básicos" incluye los libros de: "Finanzas básicas", "Cómo gestionar tu tiempo" y "Cómo crear un plan de negocios".

MAKE TIME de JAKE KNAPP Y JOHN ZERATSKY

Una guía práctica para mejorar la concentración y energía diaria, enfocándose en lo esencial. Los autores, con experiencia en productos como Gmail y YouTube, comparten tácticas probadas para optimizar tiempo y enfoque. Con un marco de cuatro pasos y estrategias personalizables, ofrece consejos para reducir distracciones y crear hábitos más productivos, mejorando así la gestión del tiempo y la energía en la vida cotidiana.

CREA TU SEGUNDO CEREBRO de TIAGO FORTE

Un método probado para optimizar tu vida digital. Esta innovadora metodología te guiará hacia una mayor productividad, creatividad y eficacia. En un mundo saturado de información, es común sentirse abrumado en lugar de capacitado. Este libro te brinda las herramientas para desbloquear el potencial de tus ideas y lograr mejoras significativas tanto en tu trabajo como en tu vida, al enseñarte a organizar, almacenar y acceder a tus conocimientos de manera eficiente..

HYPERFOCUS de CHRIS BAILEY

Nueva edición revisada de "Hyperfocus", una guía práctica y esencial para manejar tu atención: el recurso más poderoso que tienes para hacer las cosas, ser más creativo y vivir una vida con sentido. Chris Bailey explora diversas estrategias para gestionar la sobrecarga de distracciones, crear entornos de trabajo efectivos y propicios, controlar la motivación y potenciar la productividad en cada área de tu vida, desde lo personal hasta lo profesional.

ESTUCHE GOOD TO GREAT +GIRANDO LA RUEDA

Este estuche incluye el aclamado libro "Good to Great", considerado uno de los mejores sobre gestión empresarial, junto con su complemento "Girando la Rueda". En "Good to Great", Jim Collins y su equipo identifican los factores clave que permitieron a un grupo de empresas sobresalir durante más de quince años. "Girando la Rueda" enseña a los lectores cómo generar impulso gradualmente, creando su propia rueda para navegar con éxito en mercados cambiantes.

Disponibles también en formato **e-book.**

Solicita más información en revertemanagement@reverte.com
www.revertemanagement.com
@revertemanagement

Gracias

REM
REVERTÉ MANAGEMENT